U0001968

How To Control Your Anger Before It Controls You

讓自己
不生氣

Albert Ellis, Ph.D.
&
Raymond Chip Tafrate, Ph.D.

洪慧芳 —— 譯

謹獻給摯愛的珍娜與勞倫

「令人困擾的不是事件本身，而是對事件的判斷。」

——愛比克泰德（Epictetus），西元 1 世紀

目次
CONTENTS

推薦序
打破你對生氣的迷思，找回自我安頓的力量 013

前言
用對方法，化解怒氣的根源 019

Chapter **01** 生氣的代價，其實比你想像中嚴重

憤怒，是人際關係的破壞王 024

壞脾氣，對你的職涯往往不利 026

生氣能解決問題，真的嗎？ 030

怒氣，是暴力的導火線 032

很多病，是「氣」出來的 035

憂鬱、自責、失控……憤怒的代價 038

這輩子最重要的決定 042

Chapter 02 這樣做就能不生氣，真的嗎？

迷思①：把怒氣發洩出來，就不會那麼生氣了 ·············· 047

迷思②：發脾氣時，離開現場就對了 ·············· 050

迷思③：憤怒可讓你如願以償 ·············· 052

迷思④：回顧過去的創傷，能讓你現在不憤怒 ·············· 054

迷思⑤：我會生氣，都是別人害的 ·············· 055

Chapter 03 徹底擺脫有害怒氣的 ABC 處理法

把哲學融入心理治療中，啟發無數大師的治療思想 ·········· 060

隱忍、發飆、息事寧人……行得通嗎？ ·············· 062

以ABC處理法，讓自己不生氣 ·············· 064

Chapter 04 信念，是有分理性與非理性的

想一想，這樣的信念會把你帶往何處？ ·············· 071

從四大非理性信念解脫，徹底放下怒氣 ·············· 073

Chapter 05 是什麼讓你發怒？「必須狂」上身！

抽絲剝繭，找出你的非理性信念 ·············· 082

你是「必須狂」嗎？三大非理性信念來源 ·············· 085

Chapter 06 三大洞見，找到你需要的「消氣」解方

一直很生氣？三大洞見，察覺改變的關鍵 094

光有認知是不夠的，重點是…… 098

Chapter 07 學會駁斥，不再受無益的念頭折騰

究竟，理性和非理性信念有何不同？ 101

要強烈駁斥可疑的信念，請先自問…… 102

用REBT自助表，大幅減少你憤怒的情緒 106

Chapter 08 讓自己不生氣的思維方法

當你想著「我受不了」，問問自己…… 108

「他們就是該死的傢伙！」這樣想，問題在哪？ 110

持續練習，能改變你看待事情的方法 115

Chapter 09 讓自己不生氣的情緒方法

下定決心，無條件的自我接納 120

「先讓怒火盡量狂燒」的心理演練 122

刻意愉快的練習 125

想消除羞恥與憤怒，你可以穿上怪衣服、當眾唱歌…… ... 127

「強迫自己」的自信訓練 128

角色扮演，能讓你明白一件很重要的事 130

重點不是不該有強烈的情緒，而是…… 133

Chapter 10 讓自己不生氣的行為方法

給自己出家庭作業，可以幫助你理性處理問題 138

用獎勵與懲罰，贏得自己的合作 141

冒險、勇敢質問……用自信作業，大大消除怒氣 144

找出「理性模範」，了解他們是怎麼做的 155

你也可以做這些事，來控制憤怒 157

只要你願意練習，它可以深深改變你…… 162

Chapter 11 火氣衝上來時，如何迅速放鬆？

每天給自己25分鐘，練習繃緊、放鬆…… 166

用理性話語，幫你擺脫憤怒的想法 176

這些技巧在怒火燃起時用，效果最好！ 178

Chapter 12 用這些思維方法，轉化有害的憤怒

以更有系統的方式，打擊「絕對化」信念 182

用參照技巧，讓自己產生更全面的看法 190

以矛盾技巧，將非理性信念推向荒謬境界 193

保持幽默，拿自己的暴躁脾氣開玩笑吧 198

為什麼老是對伴侶生氣？如何化解？ 204

Chapter **13** 用這些理性方法，從易怒的生活中解脫

挫折、獎懲與憤怒的背後 215

四大步驟，提高挫折容忍力 218

注意你的自戀！注意你的浮誇想法！ 220

憤怒，是要付出代價的！ 223

別人一定是故意的……真的嗎？ 228

你是真的生氣，還是為了掩飾自卑？ 230

如果你常暴怒，對酒精與藥物要小心…… 231

原諒別人，饒了自己 231

出於正義的憤怒，真的好嗎？ 233

心懷仇恨，是多麼諷刺的事 237

以人道的理念過日子，你會發現…… 238

生氣前，想像一下對方可能經歷的痛苦 239

不生氣之後，連人際關係都改善了 240

抱持「合作」的人生觀，有什麼好處？ 240

除了本書的方法，你還可以…… 242

Chapter **14** 不自責，不壓抑，接納憤怒的自己

越想越氣的時候，怎麼辦？ ···················· 246

用務實的方法，無害地釋放怒火 ·············· 249

你可以生氣，但也能好好過日子 ·············· 254

結語
你有非凡的能力，可以控制憤怒 ············257

附錄
REBT 自助表 ·······························259

精選參考文獻 ·································· 267

打破你對生氣的迷思，
找回自我安頓的力量

　　如果你正在讀這本書，很有可能你或你認識的人脾氣不好，動不動就發飆，你希望想辦法解決這個問題。

　　自助書的作者試圖把心理問題的相關知識整理成書，並根據有效治療的研究，提出解決問題的策略。然而，最好的自助書是把我們從科學中獲得的知識，轉譯成大眾能理解的資訊。本書的作者完全有資格做到這點。

　　亞伯・艾里斯博士在心理治療界是全球知名的領導者，也是開發及運用自助教材與書籍的先驅。他認為應該提供工具與資源，讓大家成為自己的心理師。這本書反映了他畢生致力協助大家改變自我的心血。從1975年到2007年他過世，我有幸與他共事。他是一位真正鼓舞人心的大師，改變了心理治療的面貌。我們一起培訓了世界各地的數千名心理治療師。

1995年，奇普・塔弗瑞前來艾里斯學院（Albert Ellis Institute），向我和艾里斯學習。如今他在全球已是憤怒與憤怒管理領域的領導者。我們合撰了多份科學論文及一本專業書籍，也一起開發了兩種心理測驗，來衡量令人不安的憤怒。身為他以前的導師，看到他的職涯如此蓬勃發展，又與艾里斯合寫出這本好書，我深感自豪。我很了解他們，所以知道他們是撰寫憤怒管理指南的完美人選。

　　當他們決定撰寫一本談憤怒的自助書時，面臨了幾個問題。令人驚訝的是，科學界對憤怒的了解，比對其他情緒問題的了解少得多。這主要是因為克服憤怒的相關研究，比治療其他情緒問題的研究還少。

　　由於憤怒的科學研究較少，大家（包括心理治療師）對這個主題常有許多迷思。我們常看到有憤怒問題的人，對於憤怒或憤怒的表達有錯誤的觀念，而且那些觀念導致他們的憤怒問題更加惡化。同樣常見的是，心理治療師也會根據這些迷思，來處理相關問題。

　　我們也知道，如果你除了憤怒問題以外，還有另一種主要的心理問題，那個主要問題會變得更嚴重，而且治療效果也比較差。因此，即使憤怒不是你最嚴重的問題，這本書也對你有幫助。

艾里斯博士與塔弗瑞博士所開發的療法，是從一套兩千年前的原則演變而來的。而他們的治療形式——理情行為治療（Rational Emotive Behavior Therapy，REBT），與早期希臘與羅馬哲學家提出的許多原則有共通點，尤其是所謂的斯多噶派哲學家。這方面最古老、或許也最有影響力的書籍之一，是羅馬斯多噶派哲學家塞內卡（Seneca）的《論憤怒》（*On Anger*）。他活在兩千多年前，是尼祿皇帝（Nero）的導師。塞內卡那本書的導論概括了本書的目的：

我們這裡遇到的，是所有情感中最粗暴、最殘酷、最危險、最難以駕馭、最令人厭惡又無禮，也是最荒謬的。制伏這個怪物，對於促進人類和平有很大的助益。

我的目的是描繪憤怒的殘酷，它不僅把怒火發洩在周遭的人身上，也使整個國家支離破碎。

艾里斯博士與塔弗瑞博士將幫助讀者克制破壞性的憤怒，並引導他們與人和睦相處。

因此，本書是從兩千多年前的憤怒管理原則開始談起。然而，現代的心理治療師往往忽視或遺忘了塞內卡的

真知灼見。艾里斯與塔弗瑞把這些古老的見解，與現代科學和心理治療在控制憤怒方面的最佳研究結合了起來。

科學研究發現，憤怒這種情緒有很多特質，導致它很難改變。憤怒是唯一一種大家常緊抓不放的負面情緒。當我們確實想息怒時，那動機往往比改變其他負面情緒的動機來得弱，也更短暫。

沒有人想要持續陷在沮喪、焦慮、厭惡或內疚中，但只要一生氣，就往往氣不過，想要氣飽為止。這表示憤怒與其他的麻煩情緒之間，有非常重要的區別。因此，本書將幫助讀者了解憤怒的負面結果，以及憤怒如何阻礙他們實現目標，破壞人際關係。

憤怒與其他情緒之間的另一大區別，導致所謂的「憤怒者悖論」（angry person's paradox）。人感到憂鬱、內疚、羞恥或焦慮時，常以為是自己做了什麼，或我們的某種特質，導致那些不安的情緒。因此，我們會試圖改變自己。相反的，憤怒通常是因為我們怪罪外界。也就是說，人生氣時，常認為憤怒的來源是外部因素。要不是別人做了蠢事，我們不會生氣。但如果認為憤怒的原因是外來的，想要解決憤怒問題，似乎只能靠別人改變。若讓人生氣的外在因素不改變，我們就會一直困在怒火中。

然而，那個犯蠢而挑起我們怒火的人，不可能閱讀這本書。他們只會照常行事，不太可能會想要改變。這本書將教導讀者如何在情感上做出選擇，以更靈活的方式因應那些惹人發怒的難搞人物。讀者將學會如何與難搞的人相處，以及因應日常生活中的麻煩。

艾里斯博士與塔弗瑞博士的研究，對我的職涯與個人生活都是很大的啟發。他們教了我很多控制憤怒的訣竅。我相信他們的書對你也有同樣的幫助，而且根據塞內卡的傳統，這本書裡的原則與技巧將幫你在生活中找到平靜。

雷蒙・迪裘瑟沛博士（Raymond A. DiGiuseppe, Ph.D.），

受認證的心理學家，艾里斯學院專業教育長

2015 年 9 月

用對方法，
化解怒氣的根源

憤怒給人類生活帶來的毀滅性影響隨處可見。只要打開電視或翻閱報紙，就一定會看到大大小小的暴行中，都有憤怒的影子。而憤怒對你的生活，也有同樣的災難性影響。不好好控制的話，它可能破壞你最親近的人際關係，有損你的身心健康。

儘管憤怒恐怕是破壞力最大的情緒之一，但它似乎也是大家最困惑、最不想解決的情緒。這是心理治療中的一大矛盾。

許多書籍與雜誌教我們如何因應怒火，但似乎沒有一種建議真的有效，甚至有些還互相矛盾！例如，有人會勸，遭到惡劣的對待時，應該被動因應，消極處理，不要反抗。那可以讓大家知道你善於控制自己，個性堅強。然而，這種被動接受的態度，往往讓人持續遭到不公的對

待。更糟的是，情況恐怕會惡化。

有些書則是輕率地建議你盡量表達憤怒，大膽地宣洩怒氣，充分地展現出來。只要誠實地做自己，露出氣憤的那一面，就能教訓對手一番！

這樣做可能有效。但是，就像愛會激發出更多的愛，憤怒也會招致報復。你試試看吧！

由於這兩種因應憤怒的方式都不可靠，那還有什麼解決辦法？生氣時，你究竟應該小心地壓抑怒火，還是恣意地發飆？這確實是個問題！

解決辦法是什麼？兩千年前，著名的斯多噶派哲學家愛比克泰德指出，別人對你做出討厭、不公的行為時，是你自己選擇要過度反應，其實你大可不必這樣。就像他一樣，你也可以明智地以不同的方式因應。這就是理情行為治療（REBT）的一大原則。這種療法擷取了幾位亞洲與歐洲賢哲的古老智慧，並結合一些最現代的心理療法。你可以運用REBT方法，來大幅減少那些對你不利的憤怒反應，在一個往往很麻煩又不公平的世界裡，平心靜氣地過日子。

你自己能做到這樣嗎？當然可以，你絕對可以在面對及處理憤怒的方式上，做出很大的改變。好消息是，只要

花點心思，你就可以學會克服咆哮與怒火。本書的兩位作者畢生致力了解及幫助那些有憤怒困擾的人。我們將與讀者分享一些方法，這些方法對許多來找我們解決憤怒問題的個案相當有效。

本書自四十幾年前出了第一版以來，收到數千人的推薦與支持，他們都運用REBT原則解決了憤怒問題。雖然這版增添了一些新的章節與更動，以反映憤怒研究領域的新發展，但初版中的許多基本原則至今仍與二十幾年前一樣有效。所以，在這個修訂版中，我與優秀的同仁塔弗瑞將再次說明，你是如何在有意或無意下，訴諸絕對、專橫的思維，而形成憤怒的想法。我們將教你怎麼改變氣憤的想法、感覺與行為，藉此盡可能地減少怒氣，過更愉悅、有意義的生活。

Chapter
01

生氣的代價，
其實比你想像中嚴重

你之所以閱讀這本書，可能是因為你或你關心的人有憤怒管理的問題。在我們開始向你及關愛的人說明如何減少怒火以前，先來看一下憤怒的嚴重代價。

為什麼你與你關愛的人，應該努力擺脫憤怒這種發自內心的真實感受？顯然沒有法律規定你一定要這麼做，但有一些重要的原因可以解釋，為什麼你最好這麼做。

憤怒，是人際關係的破壞王

「人際關係受損」是憤怒最常見的代價之一，恐怕也是最糟的代價。而且，遭到破壞的人際關係，往往也是你最親近的人際關係。你可能跟許多人一樣，以為我們主要是針對不喜歡的人洩憤。你錯了！心理學家做的幾項調查顯示，這不是真的。我們更常對熟悉的人生氣。而最常發脾氣的對象包括伴侶、孩子、同事、朋友。下面的例子可以證明這點。

傑夫年近60歲時開始接受治療，以控制暴躁的脾氣。他已離婚，有兩個成年的孩子。他說，妻子受夠了他亂發脾氣及強烈的控制欲，幾年前和他離婚了。他仍和孩

子有聯繫時，親子關係往往很緊張。某次他去探望女兒，與女婿起了爭執。翁婿兩人實在吵得太厲害，傑夫還打了女婿一拳。從那時起，兩個孩子都不願與他聯繫。回首過往，傑夫悲傷地意識到，憤怒導致他與最親近的家人形同陌路。

南希來求助時26歲。當時，她與男友弗瑞德同居約兩年。他們本來打算結婚，但南希常對弗瑞德亂發脾氣，導致他們關係破裂。她說，每次她發現弗瑞德與其他的女同事過從甚密，她就會吃醋及發飆，抱怨他不夠關心她。雖然沒有證據顯示弗瑞德與任何女同事有曖昧情愫，但南希會一直找碴。每隔一段時間，她就會指責弗瑞德犯下各種可怕的錯誤，有時還會大吼大叫，在家裡亂摔東西。弗瑞德終究受夠了她的歇斯底里，取消婚約，搬了出去。

這兩個案例看似有些極端，但其實不是那麼罕見。像傑夫那種人與人失和時，常怪罪別人。發生爭執時，他們不願妥協或調整自己，總要等到人際關係破裂了，才為自己的怒火承擔一些責任，並注意到生氣帶來的嚴重代價。他們往往沒有意識到自己的憤怒與暴躁脾氣，導致他們失

去朋友，眾叛親離。等到他們終於意識到時，為時已晚！

南希的情況有點不同。失去一段重要的關係，就足以讓她意識到自己在憤怒管理上很有問題。但起初，她也把自己的怒火歸咎於未婚夫。她推論，因為她覺得很受傷又憤怒，那肯定錯在弗瑞德。等到她承認自己缺乏情緒管理能力以後，才終於有所改進。

想想你自己的生活。你的怒火有沒有破壞過任何重要的人際關係？你常把自己的憤怒歸咎於他人嗎？如果你繼續這樣做，幾年後你會變成怎樣？擺脫怒氣，在親近關係中變得更包容與靈活變通，從長期與短期來看，可能對你更有利。

壞脾氣，對你的職涯往往不利

我們得承認，工作往往令人洩氣。苛刻的老闆、嫉妒的同事、發火的顧客、最後期限、各種不公平的事情……這些都在在考驗你的耐心。然而，你對這一切不滿所產生的憤怒，可能會讓你更加沮喪。首先，發怒恐怕會破壞工作關係，阻礙你的事業發展。第二，生氣使你無法專注於重要的事情，不能把工作做好。

與人融洽相處，對工作績效有助益，這點可能與你的工作能力一樣重要。如果你脾氣不好，同事與上司都不喜歡與你共事。他們會覺得你很難搞，想盡量遠離你。北卡羅來納州的創意領導中心（Center for Creative Leadership）所做的研究發現，企業高層無法控制怒氣（尤其是在承受壓力下），是他們失去升遷機會、遭到解雇或被要求退休的主因。

而且，這種情況不僅限於企業高層！在各類工作環境、各種位階層級，憤怒都會破壞你的職涯。我們來看兩個截然不同的例子：

傑瑞是建築工人，他擔心他的壞脾氣可能害他丟了工作而來接受治療。傑瑞有能力做好工作，但他身材矮小，常因此遭到同事取笑。每次聽到這種嘲諷，傑瑞就發火，但反而招來更多的嘲笑。傑瑞有一次氣到揚言要毆打一個同事，結果遭到停職。上司告訴他，下次再失控發飆，他會遭到解雇。

幸好，傑瑞先用REBT來減少憤怒的情緒，如此一來才能更有效地因應同事的嘲諷。我們再來看另一個例子：

霍華德經營一家小型的會計事務所，整個事務所只有他和行政助理兩人。由於生意不好，霍華德很沮喪。更令他傷腦筋的是，過去一年他換了五個行政助理。流動率很高，導致重要的工作無法完成，他必須一再培訓新人。霍華德對任何挫折的反應都很激烈，他會大吼大叫，拍桌，甚至摔壞電話好幾次。他荒謬地認為自己有權生氣，畢竟事務所是他開的，助理是他花錢請來的。但幾次 REBT 療程幫他意識到，自己的壞脾氣嚇跑了助理，讓他付出了慘痛的代價。

這兩個例子顯示，憤怒情緒與亂發脾氣都破壞了重要的工作關係。傑瑞需要同事與上司的支持才能保住工作，繼續向上發展。霍華德誤以為，事務所是他開的，所以員工都必須忍受他的壞脾氣。

但其實，不管工作上遇到什麼挫折，都能控制好情緒，通常是職涯蓬勃發展的關鍵。發洩怒氣雖然痛快，但對你的事業或工作夥伴來說往往不利。

此外，憤怒還會轉移你的精力與注意力，使你無法專心工作。為什麼？因為怒氣會促使你一直想著某個「不公平」的情況，那個想法會在你的腦中一再浮現，或使你一

直想著怎麼報復同事或上司，或促使你去搞小破壞，或拒絕聽從合理的指示，或放著重要的任務不去處理，甚至刻意去破壞別人的工作。

當你滿腦子只想著某個「不公平」的人，或密謀報復時，那如何幫你化解衝突或把工作做好？當然不可能！隨著時間的推移，周遭的人肯定會注意到你的憤怒。我們來看珍的例子。

珍來接受治療，是因為她老是想著最近升官為什麼沒有她的份。她進這家公司五年多了，期待晉升到經理的職位，卻輪不到她升遷。她覺得很受傷，滿心憤恨，越想越生氣。在老闆面前，她隱瞞了憤怒，但她對工作的熱情消退了，績效下滑，好幾個專案都沒完成。一個月後，老闆把她叫進辦公室，提出他的擔憂，並透露她未能晉升，主要是公司的預算問題，不是因為她績效不好。他向她保證，她是下一個晉升的人選。不過，如果她無法恢復生產力，公司會晉升其他的人。

珍花了很多時間與精力生老闆的悶氣，所以從未想過自己未能晉升的其他原因。以致表現出來的行為，反而讓

她升遷的可能性下降。結果是，她差點又失去晉升的機會。

　　當然，有時你真的在工作上受到不公平的對待，沒有得到應有的報酬。但因此生氣或衝動地「離開」，會讓人覺得你經不起挫折，遇到困境就失控發怒。所以，比較好的替代辦法是，先息怒，盡力改進狀況。如果這樣做還是無效，你可以平靜地決定離開，尋找報酬更好、更有成就感的工作環境。

生氣能解決問題，真的嗎？

　　儘管前面提到憤怒的種種缺點，但難道生氣毫無助益嗎？動怒不是有時也有助於面對困境嗎？當你身處逆境時，感到氣憤難道不會讓你覺得自己有能力掌控局面嗎？表達怒氣難道不是堅持立場、表達觀點的必要之舉嗎？問得好。心理學研究並未明確顯示，憤怒究竟是增強、還是削弱你因應困境的能力。事實上，很少研究人員費心去研究這個問題。儘管如此，許多人（包括一些治療師與大眾作家）已經妄下結論：面對不公平時，感到憤怒是必要的。

兩千多年前，一些亞洲、希臘、羅馬的哲學家提出不同的觀點。在最早有關憤怒的文章中，斯多噶派的哲學家塞內卡把憤怒描述為「所有情緒中最可怕、最狂暴的」。斯多噶學派認為，憤怒使人難以理性思考。

　　在眾多因憤怒問題而來求助的案主中，很多人很聰明，他們不發火時，能巧妙地化解衝突及克服困難。只要冷靜下來，他們就能平心靜氣地找出處理麻煩狀況的不同方法。

　　想想你最近一次大發脾氣是什麼時候。回想一下你把心思放在哪裡、做了什麼。那時你能理性地思考行動方案嗎？你能考慮到所有的選項嗎？你做了最好的決定嗎？你是否為自己說過的話或做過的事感到後悔？如果你和多數人一樣，就會發現，你發怒時的想法與行動都不太可能是最好的。

　　你也可以觀察其他人暴怒時的行為。看看親戚、朋友和同事。或是直接打開電視，新聞節目與脫口秀節目裡充斥著這樣的例子。在棘手的訪問中，失去理智的人還能有效地溝通嗎？憤怒有助於辯論者以合乎邏輯與理性的方式陳述論點嗎？

　　但是，你可能會問，抗議某種不公平或不公正的情況

時，那該怎麼辦？為大規模的社會改革（如爭取平等權）而奮鬥時，那該怎麼辦？在那些情況下，表達憤怒難道不是恰當又有效的方法嗎？

雖然憤怒在某些情況下可能有幫助，但它很少促進明顯的改變。金恩博士、聖雄甘地等領導人物都致力投入他們的理念，對理想充滿了熱情。但他們也非常有紀律，明白事理。他們的行動之所以有效，是因為他們主要是依靠理性，而不是憤怒。

每個人偶爾都會面臨困境。人生實難，充滿挑戰。雖然生氣是人之常情，卻不是解決問題的最有效辦法。仔細想想，然後判斷憤怒究竟是對你有益、還是有害。

怒氣，是暴力的導火線

要抑制怒火的另一個原因是，它很容易引發攻擊性。你在現實生活中親眼目睹過暴力吧？在螢幕上及新聞報導中應該也看過吧？美國文化不是所有工業化國家中最暴力的嗎？

美國司法部的資料顯示，美國每17秒就發生一起暴力犯罪。暴力行為在美國的年輕人中尤其普遍。兇殺目前

是15至24歲青年的第二大死因，這使人際暴力成為最重要的公衛問題之一。

家暴也是如此。據估計，美國每年有一百五十萬名女性遭到伴侶虐待。美國每年遭到謀殺的婦女中，約40%是死於丈夫之手。這並不是說女性就不會施暴。最近的調查顯示，女性攻擊男性的頻率，高於男性攻擊女性的頻率。然而，這種比較需要謹慎看待，因為男性傷害女性的結果往往更嚴重。

家暴也給兒童帶來惡劣的影響。一份政府報告指出，美國每年約有十四萬名兒童受虐，每年至少有兩千名兒童死於父母或照護者之手（相當於每天超過五名兒童）。

雖然憤怒不見得會引發攻擊性，但實際發生的頻率很高。誠如憤怒研究員詹姆斯・艾弗里爾（James Averill）所言：「憤怒就像建築師的藍圖。有藍圖不見得就能建造出房子，但確實可使建造變得比較容易。」

以下兩個例子說明憤怒導致攻擊行為的代價：

瑞奇現年37歲，因毆打他人被捕而開始接受治療。他的妻子長期以來一直抱怨他開車時的攻擊性行為。有一次，一位駕駛人在紅綠燈處突然超他的車，害他差點撞上

去。瑞奇氣炸了，緊追著那輛車到下一個紅綠燈。他下車與那位同樣怒氣沖沖的駕駛人理論，並出拳打了對方的臉就離開了。有目擊者報警，提供警方瑞奇的車牌號碼，警察因此抓到了他。那次事件後，瑞奇的妻子堅持要他就醫求助。接受治療時，瑞奇坦言他一個月至少有一次在開車時發怒，並與其他的駕駛人爭吵，甚至發生肢體衝突，只不過這是他第一次被捕。

雪麗30歲出頭，她因經常對三個年幼的孩子大吼大叫而來尋求治療。她說，孩子老是管不聽，丈夫幾乎不幫忙照顧孩子，她覺得完全沒有自己的時間。她大發雷霆的狀況越來越嚴重，甚至會在家裡摔東西。她擔心可能對孩子造成心理傷害，也害怕自己失控而對孩子造成身體傷害。

許多人像瑞奇與雪麗一樣，因害怕自己的怒氣導致暴力行為而來求助。而表現出攻擊性的代價包括：人際關係破裂、失去工作、身體受傷、財物受損、法律糾紛、判刑入獄、內疚及難堪。

回想一下你上次出現攻擊行為是什麼時候。想想你可

能毀壞財物、大吼大叫、推人、打人耳光或拳打腳踢的時候。坦白講，你是不是在怒氣的驅使下那樣做？即使只是偶爾施暴，恐怕也得付出慘痛的代價。如果你經常暴怒，那就要小心了！

很多病，是「氣」出來的

也許你心想：「我很健康，這一節的內容對我不適用。」別想得那麼肯定！五十多年的研究顯示，長期的憤怒問題往往與心臟病的形成有關。心臟病目前是美國人的主要死因。雖然你的憤怒可能還沒有造成嚴重的健康問題，但它的破壞力恐怕已經開始發威了。

為了了解生氣對身體的傷害，我們先來看憤怒的目的與功能。許多研究者認為，憤怒是一種情緒系統，讓身體為潛在的威脅做好準備及提供動力，並幫我們調動資源來處理衝突。20世紀初，生理學家沃爾特‧坎農（Walter Cannon）研究了這種緊急反應，並提出「戰或逃」反應這個術語。其中，逃跑反應是因焦慮而逃離險境；戰鬥反應主要是出於憤怒而對抗某種威脅。

當你感到憤怒，導致緊急反應開始運轉時，身體會發

生什麼事？答案是，出現肌肉緊繃、心跳加速、呼吸急促、代謝加快等生理變化，讓身體做好行動的準備。此外，血液中的腎上腺素濃度增加，血液流向身體中的較大肌肉。所以，常有人說，他們生氣時，會有一股衝動想要攻擊發怒的對象，這並不奇怪，因為他們的身體已經準備好那樣做了。

因此，憤怒能幫你因應危及生命的攻擊者，或真正的緊急狀況。但是，為了日常生活中的常見挫敗而發脾氣，那就沒有多大的意義了。事實上，如果你一再啟動發怒系統，那可能對身體造成嚴重的損害。

史丹佛大學的生物學與神經學教授羅伯·薩波斯基（Robert Sapolsky）指出，我們因一再生氣而引發生理變化時，可能造成心血管系統受損。生氣導致血壓突然升高時，會增加血液流經動脈的力量。血流的激增會磨損及衝擊動脈的光滑內壁，使內壁傷痕累累或產生凹痕。這層組織一旦受損，血液中的脂肪酸、葡萄糖與其他物質，會開始黏在受損的血管壁上。久而久之，這些物質的累積最終會導致動脈阻塞，進而使血流量減少，這就是所謂的動脈粥狀硬化（atherosclerosis）。如果這種物質的積聚（又稱斑塊），發生在通往心臟的動脈中，那可能導致冠狀動脈

心臟病（簡稱冠心病）、心肌缺氧，或其他多種嚴重的心臟疾病。

　　1960年代初期以來，已經有許多重要的研究顯示，憤怒與心臟病之間的關聯。這領域的全面概況已超出本書的範圍。一般來說，多數的研究通常分為兩大類。第一類是所謂的橫斷面研究（cross-sectional research），這種研究要求幾組心臟病的患者提報他們平時憤怒的頻率與強度。然後，把他們的回答和沒有罹患心臟病的對照組做比較。在絕大多數的研究中，冠心病的患者提報的憤怒程度，明顯高於沒有心臟病的人。由此可見，發怒的頻率與強度較高的人，比較可能罹患心臟病。

　　另一類研究稱為前瞻性研究（prospective study），這類研究更加凸顯出憤怒與心臟病之間的因果關係。這些研究是先詢問一大群健康的人，在日常生活中經歷的憤怒程度，然後對這群人做長時間的追蹤研究（長達二十年或更久），最後檢查他們是否罹患心臟病。接著，再比對這些人原始經歷的憤怒程度及每個人後來的健康狀況。這類研究大多顯示，憤怒程度高可用來預測後來是否會出現動脈粥狀硬化。

　　例如，在一項研究中，兩百五十五位醫學生填寫一份

個性問卷。在二十五年後的追蹤研究中，研究人員發現，憤怒程度上得分較高的人，罹患冠心病的機率是得分較低者的四到五倍。在一項對律師進行的類似研究中，憤怒程度的得分排在前四分之一的人，有近20%的人在50歲以前就過世了。憤怒程度的得分排在後四分之一的人，僅4%在50歲以前過世。

所以，你有憤怒問題多久了？你是罹患高血壓或心臟病發作的高危險群嗎？如果你長期以來經常發怒，可能會增加罹患嚴重疾病的風險。下次你感到憤怒時，試著注意身體的生理感覺與變化。切記，伴隨著長期憤怒而來的身體反應，可能導成損傷、疾病，甚至過早死亡。

憂鬱、自責、失控……憤怒的代價

憤怒的許多代價相當嚴重，引人注目，但有些代價可能不是那麼明顯，例如嚴重的情緒痛苦（如憂鬱、內疚、尷尬、感覺失控），以及缺乏社交互動的自信。當你難忍挫折及容易發怒時，是不是也有這種感覺？

前面提過，時常發怒可能導致你失去工作及眾叛親離。當憤怒導致那些損失時，你很容易自責而陷入沮喪。

此外，憤怒與憂鬱有時也可能同時折磨你。因此，你說不定會怪罪別人與事情，因此越想越氣；你也可能責怪自己而引發憂鬱。史黛西的情況就是這樣：

　　史黛西快40歲了，有三個年幼的孩子。她來接受治療時，說她很難過，覺得很孤獨，抱怨周遭的人都不幫她。她承認自己不甘於做家庭主婦。事實上，無法去追求人生夢想，令她相當生氣。先生的工作時間很長，似乎沒心思陪她。她的父母就住在附近，但他們更喜歡去找另一個女兒及其家人。另外，史黛西幾乎沒有親近的朋友。

　　史黛西的狀況很有意思，因為她的主要問題可能是憤怒，而不是憂鬱。她情緒低落，對人不太友善，因此難以親近。有時她把自己的困境怪罪到他人身上（例如先生、孩子、父母），然後越想越氣。她真的很想接近其他人，但憤怒疏離了周遭的人。

　　有時史黛西會因孤獨而自責，想像自己過著毫無朋友的生活，夢想永遠無法實現。她越想越難過與沮喪。因此，她時而憤怒，時而憂鬱。遺憾的是，這兩種不安的情緒都無法幫她創造出理想的生活。事實上，她的憤怒導致

她與親友疏離，使她感到更加孤獨與沮喪。

如果你因憤怒而感到沮喪，可以藉由息怒、專心去改變生活中的問題，來切斷憤怒與沮喪之間的連結。

除了沮喪以外，內疚與尷尬也常伴隨著經常的憤怒而來。你可能因為生氣時說的話或做的事情，而感到非常尷尬。你因此自責，迴避那些讓你心煩意亂的人。鮑勃的情況就是如此：

鮑勃的脾氣問題由來已久。他曾因商品價格而在超市裡與店長發生爭執。那位店長比他年輕許多，而他認為他應該獲得更多的尊重。當情況不如所願時，他很生氣，一再咒罵及威脅店長。最後店家報警處理，鮑勃看到警察來了，更加生氣。警方制伏他以後，給他戴上手銬，帶離現場。雖然店家後來撤銷了對他的指控，但鮑勃再也沒踏進那家超市，也迴避知道那件事的人，因為他覺得很丟臉。

鮑勃的例子很極端，但這個例子顯示：對自己的憤怒感到內疚與尷尬，很容易讓人開始迴避其他人。那會持續擾亂你的人際關係，阻礙你成長。

憤怒也會讓你感到失控。生氣時，會心跳加快，臉頰

發燙，思緒亂轉，血壓飆升，腎上腺素激增，這時你很難理性地行動。憤怒導致你難以控制行為，而且怒氣本身也讓你感到不舒服，彷彿時時刻刻都在提醒你，你做什麼事都不順。

邁克29歲時為了憤怒問題來尋求治療。他說自己經常反應過度，是個「反應狂」。他提到自己多次失控發飆，攻擊別人。從高中起，他就因為這種火爆性格而導致眾叛親離，因打人而被捕一次，因脾氣暴躁而被解雇多次。邁克來接受REBT治療時，已結婚三年，妻子剛生了一個兒子。兒子的出生促使他尋求治療，他想更有效地控制情緒，他說：「我不想在孩子面前發火。」

你是否像邁克一樣，擔心自己生氣時反應過度？你是否擔心自己失控，做出破壞性的行為？失控感可能是一種訊號，提醒你該尋求幫助了。

憤怒也可能讓你失去社交互動的信心。如果憤怒常帶給你不好的結果，你恐怕很快就開始懷疑自己的判斷。你也許害怕自己在一氣之下做得太過分，而不再有自信。你可能不知道如何因應日常的難題。所以，學習在面對困難

時管好情緒，肯定對你有幫助。

話說回來，擺脫憤怒不表示你必須放棄夢想與願望。事實正好相反！減少憤怒後，你會變得更有自信，果斷行事，因此更有機會得到你想要的東西。

雖然憤怒有許多代價很嚴重，別人很容易看出來，但有些代價只有你自己感受得到，那會導致尷尬、失控感、困惑、缺乏信心。此外，憤怒帶來的劣勢，也可能讓你感到沮喪，陷入自責。你為一種情緒所付出的代價，是得到多種糟糕的感覺！

這輩子最重要的決定

這一章提到的任何情境是否看起來很眼熟？憤怒是否幫你獲得想要的東西？發洩憤怒的一時痛快，值得你付出那些代價嗎？如果你沒有遇過前述的任何損失，切記，憤怒不見得會立即導致明顯的損害。嚴重的後果往往要等幾年以後才會浮現。如果憤怒曾經帶給你痛苦，或現在可能對你構成威脅，現在不正是想辦法解決問題的時候嗎？

改變往往很難。本書提出的技巧與方法，並不是迅速解決問題的萬靈丹。它們需要你抱持開放的心態，大量練

習，還要經常用心對抗根深柢固的憤怒模式。但久而久之，會變得越來越簡單。

決定在生活中盡量減少憤怒，可能是你這輩子做過最重要的決定之一，你說是嗎？

Chapter
02

這樣做就能不生氣，
真的嗎？

你肯定聽過許多因應怒火的「常識型」建議。大眾雜誌、電視與廣播脫口秀的主持人常提供各種方法，幫大家過不生氣、不惱怒的生活。遺憾的是，很多建議根本無效。

今天你向五位心理專家請教因應怒火的最好方法，可能會得到五種不同的建議。有些「專家」會告訴你，解決憤怒問題必須從過去著手。因應怒火的唯一方法是回到過去，治好那些讓你變得沒安全感又憤怒的舊有創傷，導正不公正的事情。但另一些人可能會告訴你，過去無關緊要。只要改變目前讓你心煩意亂的工作、人際關係或處境，你一定可以過得更快樂、更健康，比較不會生氣。

關於如何因應怒火，你可能會得到相互矛盾的觀點。一些專業人士會建議你忍氣吞聲，盡量避免與麻煩的人發生衝突。他們說不定會建議你先抽離麻煩的情境，等冷靜下來再回去。相反的，有些人會鼓勵你，感到憤怒就宣洩出來。你可以對那些討厭的人直接表達不滿，或私下大叫、捶枕頭、做運動，來間接宣洩怒氣。

對憤怒的誤解相當常見，為什麼會這樣？因為科學界並未好好地研究憤怒的起因與解決方案，精神病學家艾倫‧羅森柏格（Allen Rothenberg）指出：「大家一直覺

得，憤怒不是值得研究的獨立課題……這不僅降低了憤怒在了解人類行為方面的重要性，也促成一堆混亂的定義、誤解，以及過於簡化的理論。」

以下是有關如何因應憤怒與不滿的五種常見迷思。為了了解憤怒的真正本質，你應該思考這些迷思並提出質疑。

迷思①：把怒氣發洩出來，就不會那麼生氣了

主張你必須積極表達憤怒以減少怒氣，是源於佛洛伊德的思想。佛洛伊德與威廉・賴希（Wilhelm Reich）的情緒水壓理論模型（hydraulic model of emotions）指出，憤怒的情緒在日積月累下會形成一大池的負能量。如果這些壓抑的怒氣沒有表達或宣洩出來，最終會從身體爆發，導致疾病與情緒困擾。認同這個理論的治療師會鼓勵你宣洩怒火，以釋放積壓已久的緊繃感。藉由直接怒斥討厭的人，或是做其他宣洩怒火的行為，這樣應該可以避免那些攻擊性的能量累積到有害的程度。

但這個迷思有兩大錯誤。首先是誤以為，表達怒火可

以減少憤怒對健康的影響。第二個誤會，是宣洩怒氣會讓你感覺沒那麼生氣。

第一章提過，大量證據顯示，長期的憤怒確實是罹患心臟病的風險因素。有些研究顯示，壓抑憤怒與疾病之間有關聯。但是，發洩憤怒的人真的比不發洩的人過得更好嗎？

絕對不是！馬里蘭大學心理學家及憤怒研究者亞倫・西格曼博士（Dr. Aaron Siegman）指出，發洩憤怒是罹患心臟病的嚴重風險因素。表達憤怒可能引發的內在激發（internal arousal），最有可能導致動脈受損。西格曼博士的研究指出，大力發洩憤怒比壓抑憤怒更容易損害健康。宣洩怒火其實很危險！

既然如此，為什麼大家還誤以為，盡情公開地表達憤怒的人比較不容易生氣，那迷思是怎麼回事？宣洩怒氣的行為**真的會減少憤怒嗎**？過去六十年來，許多心理學的實驗探究了這個課題。這些研究一致顯示，無論是口頭、還是肢體上表達憤怒，都會導致**更多**的怒氣與暴力，而不是更少。

直接或間接地發洩憤怒，往往使怒火不減反增。一位治療憤怒問題的同事常講一個老掉牙的笑話：「如何進卡

內基音樂廳（Carnegie Hall）表演？」答案：「練習，練習，再練習。」那麼，「如何變成一個容易發火的人？」答案：「練習，練習，再練習。」

　　既然宣洩怒火會讓人更生氣，為什麼上述的迷思依然存在？原因可能與憤怒的本質有關。第一章討論過，憤怒是一種系統，它幫你的身體為潛在威脅做好因應準備。這個系統一旦出現生理變化，身體就會充滿能量，準備採取某種行動。這時，以某種方式出擊，感覺很自然。當你使用暴力或怒斥某人後，你甚至可能有一吐為快的快感。由於宣洩憤怒讓你**感覺**算是不錯，下次你很可能也會這樣做，而且傻傻地以為這樣做有益健康。

　　這個迷思一直存在的另一個原因，是多數心理治療師真的想幫案主感覺更好，日常表現得更好。由於患者在宣洩憤怒後，可能暫時感到舒爽，許多心理治療師因此誤以為鼓勵他們宣洩情緒真的有用。此外，心理治療師也想給予當事人支持。聽完客戶描述他們為不公正的事件感到憤怒後，心理治療師說不定會認為，這些個案表達感受是正確或恰當的。而建議他們表達憤怒，可以顯示心理治療師真的了解且關心他們。

　　儘管有證據顯示這迷思是錯的，許多心理治療法以及

我們整體文化依然鼓勵宣洩憤怒。如果你依然認為發洩怒火是健康、有效的，最好重新思考這種過時的想法。首先，先學習不要一生氣就衝動行事。下次脾氣上來時，先試著忍住氣。你會發現，激動的情緒最後會慢慢平息下來。接著，我們繼續來看，如何一開始就避免陷入憤怒的惡性循環。

迷思②：發脾氣時，離開現場就對了

有些心理專家知道宣洩憤怒的危險與代價，他們會建議你，積極避免或遠離那些可能讓你生氣的情況，他們稱之為「暫時隔離法」（time-out）。也就是說，你生孩子的氣時，先離開冷靜一下，消消氣。工作上遇到令人氣憤的事時，就出去散散步，等氣消了再回來。這個建議聽起來很棒，對吧？其實不然。這種因應怒火的方式有點問題，我們來看兩個使用這種方法的例子。

多年來，費雷德對歷屆女友都不太友善。他不至於攻擊她們，但會對她們大吼大叫，有時還會發脾氣摔東西。在與歷屆女友分手後，他來尋求幫助。當時的治療師建議

他，生氣時先離開現場，消消氣。費雷德與下一個女友交往時，嘗試了這種方式。剛開始幾個月，似乎真的有效。然而，那個女友後來還是跟他分手了。她抱怨費雷德不與她好好溝通，他們很少解決分歧，因為他老是躲開。

瑪喬麗也是採取暫時隔離策略。每次她覺得客人與主管要求太多，讓她喘不過氣來，她就在工作中採用暫時隔離法。雖然她沒有發脾氣，但周遭的人都注意到她這種逃避的方式，大家覺得她抗壓性太低了。上司與同事不再讓她做有挑戰性的工作，怕她無法勝任。最後，上司認為她無法承受工作壓力而把她解雇了。

費雷德與瑪喬麗都積極地練習迴避。費雷德避免任何歧見，但也逃避了維持親密關係所需要的溝通。瑪喬麗在工作中避開任何會讓她感到更激動的事情，因此無法把工作做好。

但時間一久，迴避行為通常會產生反效果。原因有兩個，第一，你並未處理該解決的問題。畢竟，逃避問題，問題並不會神奇地消失，通常只會更加惡化。

第二，當你逃避情緒時，就不會想去發掘管理情緒的

方法。你想想，逃掉壓力大的情況，你能從中學到什麼？你對自己有多少了解？幾乎沒有！相反的，唯有面對困難，才會有所成長。如果你不逃避，讓自己先冷靜下來，想辦法以不同的方式處理，你可以從因應的行動中學習，未來可能更能有效地應對狀況。

當然，暫時隔離策略確實有派上用場的時候。如果你大發雷霆時可能傷害他人，花點時間冷靜下來很重要。此外，如果你正在學習控制自己不要大發脾氣，在改變的初期，暫時隔離法可能有用。然而，如果長期採用暫時隔離法，那會妨礙你有效地控管情緒及解決困難，只是幫你逃避它們。

迷思③：憤怒可讓你如願以償

也許你跟很多人一樣，以為宣洩憤怒可以幫你得到想要的東西，或憤怒可以促使你克服逆境，對抗不公正。第一章提過，憤怒不僅無法幫你達成目的，反而可能阻礙你前進。

你是不是以為，不發脾氣，大家就不聽你的，不尊重你，或不順從你的意願？沒錯，有些人確實如此。有人或

許看到你生氣就順從你。配偶或孩子可能順從你的要求，好讓你息怒。同事說不定也會試圖平息你的怒氣。既然如此，宣洩怒氣有什麼不對？

你大吼大叫或威脅別人時，大家**可能會**如你所願，但那主要是因為你不斷施壓。久而久之，大家難免會心生怨懟，心懷不滿，或疏遠你。奈德與家人就是如此：

奈德來接受治療時快50歲了，他結褵二十七年，有兩個孩子。他對孩子很挑剔，要求很高。面對奈德接二連三的批評以及動不動就發脾氣，妻子諾拉與孩子通常會順他的意，好讓他閉嘴。諾拉說，他們全家如履薄冰，過得戰戰兢兢。他們私下一致認為，最好別跟奈德商量任何事情，所以每個人在他身邊總是小心翼翼。

雖然短期內奈德如願以償，讓家人乖乖地順從其意，但家人最終找到了掙脫其掌控的方法，結果是：大家對他沒什麼信任，親情疏離。

我們接觸過的許多客戶都犯了一個錯誤：只看發怒帶來的短期效益。大家可能會順你的意，在你發怒時，馬上按你的要求去做。但不要忽視這種「成效」長期造成的代

價。久而久之，那會摧毀人際關係。

迷思④：回顧過去的創傷，能讓你現在不憤怒

　　這是心理專家經常灌輸大家的另一個迷思。這些「專家」認為，為了因應怒火，你必須回顧兒時的心理創傷，那些創傷曾經使你憤怒，現在你依然容易被激怒。如果你相信這種迷思，可能會花好幾年的時間治療，試圖搞清楚為什麼你會變成現在這樣。許多治療師很樂於與你一起探索童年與青春期發展的每個細節。這種自我探索或許很有意思，但那能幫你減少憤怒嗎？不太可能！

　　為了檢驗這個概念是否成立，我們來打個比方。假設你很想精進網球技術，所以請了教練。教練為你上了幾次課，觀察一段時間後，找出你網球打不好的一些原因。他說你握球拍的角度不太對，揮拍不太順，姿勢也不正確。

　　如果教練花幾個月的時間，試圖幫你搞清楚你是**怎麼**練出這種不正確的打法，那有用嗎？你可能是在夏令營和姊姊打網球時，學到那種握拍方式。又或者，你也許是五年級在體育館裡養成糟糕的打球姿勢。但知道這些能幫你

把網球打得更好嗎？不太可能！想把網球打得更好，發現你在哪裡或如何養成那些壞習慣，對精進球技毫無助益。

　　相反的，花時間與教練學習，以及練習新的握拍方式與打球姿勢，效果更好。雖然面對新技能，你可能一開始感覺很怪，因為你已經習慣以前的打球方式。但反覆練習後，你會逐漸習慣新的握拍法與打球姿勢，進而精進球技。

　　另一方面，要學習減少怒氣，自然需要先意識到你做錯了什麼。但了解錯誤是如何形成的，不見得有幫助。相較之下，學習及練習新的思考與行為方式，更能幫你做好情緒控管。

　　當然，你可能童年遭到虐待或忽視，導致你變得暴躁易怒。但把心思放在以前受虐的可怕經歷上，對身心的正常運作幾乎沒什麼助益。相反的，學習換個角度來看待那些經歷，質疑你覺得害你生氣的念頭，反而可以幫你減少憤怒。

迷思⑤：我會生氣，都是別人害的

　　一般人生氣時，往往覺得不是自己的錯。你多常這樣

想或這樣說：「是他惹我生氣的。」「她快把我氣死了！」「他們把我搞得很火大。」這些話透露出，發怒不是你能控制的，你只是無助的受害者，是外界對待你的方式使你的情緒起伏不定。

如果外部事件真的是惹毛我們的原因，大家遇到類似的事情時，反應應該都一樣。例如，假設有十個人卡在車陣裡，他們都來不及去參加一場重要會議。這十個人的反應都一樣嗎？當然不會。

有人可能大發雷霆，猛按喇叭，對其他的駕駛打吼大叫，並納悶：「這些討厭的傢伙為什麼開那麼慢？我真想宰了他們！」有些人或許會生悶氣，心想：「為什麼我不給自己多一點時間？我應該早點出門的，我真傻！」有些人說不定會保持冷靜，提醒自己：「大家偶爾都會遇到這種事，真不巧！」

每個人對同一件事，反應各不相同。事實上，連你自己對同一種狀況，也不見得每次反應都一樣。為什麼會有不同的情緒反應？多數情況下，你對當下事件的**想法**，決定了你的情緒反應。以生氣為例，你感到沮喪時，可能覺得生氣是很自然的反應。你的憤怒**似乎**是對外部事件的反應。然而，我們將在本書中一再提到，你可以輕易察覺那

些使你發怒且怒不可抑的想法。你的憤怒是你自發的，不是那些討厭的人造成的，確實如此！

為了減少憤怒，更理智地面對生活中的困境，你應該改變觀念：並不是不公平的情況、難搞的人、重大挫折**惹你**生氣。沒錯，怪罪外在事物確實有助於息怒。但你的憤怒主要還是你自己造成的。承擔這個責任，是有效因應怒火的關鍵第一步。

這五個迷思是我們在那些前來治療憤怒問題的客戶身上，最常看到的。除此之外，還有很多關於憤怒的錯誤觀念，卡蘿·塔芙瑞斯（Carol Tavris）、巴德·奈（Bud Nye）與其他作者都有著墨。但目前只要先知道這五個迷思，你就可以繼續往下學習如何忍受與消除憤怒。

Chapter 03

徹底擺脫有害怒氣的 ABC處理法

以理情行為治療（REBT）的ABC處理法來解決憤怒問題，效果比你想的還好。不過，REBT不是萬靈丹，它是尋找問題的解方，以踏實的方式來解決問題，不是什麼神奇祕方。

REBT是怎麼來的？這種方法與其他的心理治療有什麼不同？

把哲學融入心理治療中，啟發無數大師的治療思想

我（艾里斯）從臨床研究與經驗中開發出REBT的原理，後來這些原則獲得幾百個實驗研究的佐證。擔任心理治療師的職涯中，我用了很多方法來治療客戶。多年的臨床經驗與研究讓我相信，多數流行的療法（尤其是我使用多年的傳統心理分析法），其實效果不佳，對案主與治療師來說都太昂貴又費時。因此，1953年起，我開始尋找更有效的療法。

REBT的許多原則是擷取自哲學與心理學的智慧，我從年少時就把研究哲學當成一大嗜好。我把一些哲學原則融入治療中，發現客戶在更短時間內獲得更好的療效。所

以，1955年1月我推出REBT，此後協助指導了數千名治療師學習這種療法。1960年代與1970年代，亞倫‧貝克（Aaron Beck）、大衛‧柏恩斯（David Burns）、威廉‧葛拉瑟（William Glasser）、小馬西‧馬爾茲比（Maxie C. Maultsby Jr.）、唐納‧梅欽鮑姆（Donald Meichenbaum）與一些傑出的心理治療師在我的領導下，開始做認知行為治療（Cognitive Behavior Therapy，CBT），CBT在許多方面與REBT非常相似。CBT是一種仿照REBT的一般治療形式，使用REBT的許多理論與做法，但它不像REBT那樣強調人們的絕對化思維（應該怎樣及必須怎樣），也不像REBT那樣偏重情緒與體驗。本書將告訴你如何具體使用REBT，但我們也會教你如何應用CBT，來解決憤怒與其他的情緒問題。

由於本書作者是執業的心理治療師，我們很自然會建議你，如果有嚴重的情緒問題，請找稱職的REBT或CBT治療師求助。但我們也發現，你可以運用REBT來「治療」自己。本書將從**哲學上**說明，你主要是怎麼透過絕對、命令式的思維，形成憤怒的情緒。因此，只要學會察覺及控制自己的想法，你就有能力減少破壞性的憤怒。

REBT包括自學方法，即使面對異常艱難的情況，也

可以幫你因應怒火。那麼，連你受到不公正的虐待與欺騙時也行嗎？沒錯！連那種情況也適用。

隱忍、發飆、息事寧人……行得通嗎？

為了教你如何健康地控制強烈的怒氣、惱火與報復心態，我們先舉個例子。假設傑克與瓊恩答應跟你合租一間公寓及分攤房租，條件是你把公寓整修好並備齊家具。你欣然同意了，並花了好一番功夫與費用來履行約定。結果，他們臨時通知你，他們另有計畫，無法履約。你氣死了，你不僅花了很多錢，還必須臨時找人來跟你分攤房租。

那麼，你該如何有效地處理這股怒氣？一開始你可能隱忍不發，但因為怒氣仍在，這股壓抑的怨恨明顯干擾了你與他們兩人的友誼。所以你什麼也沒有解決，而且憤怒還影響到其他層面。隱忍不發顯然行不通。

你可能決定當面跟他們說清楚，**暢所欲言地表達**感受。你說：「你們對我太過分了！你們說過，只要我整修好公寓並備齊家具，就會跟我合租公寓。你們一開始如果沒有答應跟我合租，我就不會一頭栽進去。你們顯然太過

分了，做得那麼絕。你們怎麼會這樣對待朋友？我從來沒有對你們做過那麼惡劣的事情。你們這樣惡搞，誰還敢跟你們當朋友？」

如此公開表達憤怒後，你可能讓對方明白，他們做錯了什麼。然而，你依然是在批評他們的行為與他們（行為者）。這樣做往往使對方產生防衛心態，開始辯解，也容易導致他們惱羞成怒，展開反擊。

別忘了，傑克與瓊恩就像多數人一樣，可能很容易自責。所以，你指出他們的錯誤時，他們的感覺或許比你預期的還糟。無論你的批評多有道理，用字遣詞花了多少巧思，他們可能會感到非常內疚，也會想要讓你感到內疚。所以，坦白表達憤怒恐怕同時傷害了對方與你自己。

另一種反應，是所謂**基督徒的寬恕**（Christian forgiveness），也就是說，人家打你右臉，你把左臉也轉過去讓他打。但在這個充滿剝削利用與敵意的世界裡，這種方法不切實際。你這樣做，大家或許比較不怕你，但可能更想利用你那息事寧人的態度或善良。你說不定表現得很好，但這不表示別人就會尊重你，並像你對待他們那樣善待你。

你看上面兩種因應怒火的方法時，會發現它們都是**偶**

爾有效，但不是全面適用，如果總是用同一種方法來處理每一種情況，會出現反效果。所以，我們需要尋找其他方法，幫你因應困境，讓你在不必委屈自己、不激怒他人，也不會導致自己遭到更多不公平的對待下，獲得你想要的結果。

我們認為，因應破壞性的怒氣，並沒有完美的做法。但我們想跟大家介紹REBT與CBT中常用的程序，這些程序已經幫大家有效處理憤怒四十幾年了。如果你花心思認真思考及嘗試我們即將說明的REBT與CBT的做法，只要練習一段時間，你也可以像那些來找我們求助的客戶一樣，學會有效控制憤怒。

以 ABC 處理法，讓自己不生氣

如何運用REBT方法來因應憤怒？我們來看看REBT的ABC處理法。

我們先從找出C開始，C是指情緒結果（emotional Consequence）或行為結果：你的憤怒。

接著，找出A，A是指促發經驗（Activating experience）或逆境（Adversity）：瓊恩與傑克不信守與你的重

要約定。

　　觀察 A 與 C 時，似乎是 A 導致了 C。然而，REBT 理論認為，雖然促發經驗直接導致你的情緒結果（憤怒），但它不是使你憤怒的**原因**。你仔細分析 A 與 C 的關係（本書會持續這樣分析）會發現，朋友爽約給你帶來極大的不便，令你大失所望，因為他們使你無法得到想要的結果。但**光是**「他們爽約」這點，不見得會使你生他們的氣，那不是什麼大不了的事。

　　如果 C（憤怒）是由 A 直接造成的，就可以認定，每次你碰到 A 這種情況，都會產生 C 這種情緒。然而，事實上，你並非如此。例如，我們知道水在某個溫度沸騰，在另一個溫度凍結，水在任何情況下達到那兩個溫度時，都會出現同樣的結果。但這種固定的物理定律，並不適用於人與環境的互動。此外，別人對某種情況的反應，常讓我們訝異。比方說，我們聽過，有的犯罪受害者不是與有關當局合作，把罪犯繩之以法，反而是幫助攻擊者，以免攻擊者遭到起訴。如果研究同一類犯罪的一百名受害者，會發現他們對於犯罪者的處置，反應很不一樣。有些人選擇寬恕，有些人要求給犯罪者最嚴厲的懲罰，還有些人的反應是介於這兩個極端之間。因此，一種情緒結果雖然受到

一次促發經驗的影響，但不是由促發經驗直接造成的。

　　顯然，人們對多種情況的反應，有**某種**程度的選擇與掌控權。面對不公正的事情，一旦越清楚自己有哪些可能反應，就越有可能考慮以不發怒的方式因應。我們可以在A與C**之間**，創造信念／想法（Beliefs）。而我們對A的想法，大致上決定了我們對A的反應。因此，如果越清楚自己對A的想法，就越可能做出幫我們達成目標的選擇。藉由仔細**思考**A（逆境），就不會衝動或傻傻地做出C。遺憾的是，人很少反思自己的思維過程，所以很少改變思維對行為與反應的影響。

　　你跟其他人一樣，也有一套信念體系（Belief System），你依靠這套信念體系，來做判斷及評價他人與事件。雖然你有自己的信念體系或價值體系，但你可能有很多信念與家人及所屬的文化相似。在一些重要的面向，不同文化的信念體系顯然不同。每種文化的信念體系也會隨著時間的推移而改變。身為個體，你可能同時擁有許多不同的信念體系。為了在不斷變化的世界中保持快樂與生產力，你有時會徹底改變感覺與觀點。

　　此外，你的個人信念不完全是你自己的。你對是非好壞的觀點，大多是汲取自長輩與社群。

儘管你的信念體系（B）對C有很大的影響，但B不是決定C的唯一因素。A也會影響C。所以，C相等於A與B互相加乘。你再怎麼努力，多半無法對A產生影響。但幸好，你往往可以改變B。我們將會說明這點。

　　你的經驗沒有固定的價值，經驗的價值是你**賦給**它的。評估經驗是你的本性。你渴望、喜歡的經驗，就認為那是「好」的；不喜歡的經驗，就認定是「差」的。一旦你評估了經驗（A），並對它們產生了信念／想法（B），B就決定了你對A的感覺與行為。

　　知道A與C，你就能輕易搞清楚你的B，更能妥善地處理C，尤其是破壞性的自責與憤怒。因此，我們從C開始看起。比方說，你對自己受到的不公平（A）感到憤怒（C），你可以很快找出導致C的非理性信念（Irrational Beliefs，IB），駁斥（Dispute，這是D點）它們的正確性與有用性。我們將在下一章教你怎麼做。

　　從C（結果）開始，你了解到你的憤怒（或其他對自己不利的感覺）是由A的「負面」經驗而來。你也知道，你的信念體系深深影響你在C的感覺。這時，REBT可以幫你發現，究竟是什麼信念使你產生憤怒的負面感覺，並教你檢討這些信念的不理性，進而轉念。REBT顯示，對

自己有益或理性的信念（Rational Beliefs，RB），會讓你在遇到問題時感到遺憾、失望，而不是憤怒。而對自己不利的感覺或非理性信念，容易使你對逆境（A）感到憤怒。然而，你可以駁斥（D）非理性信念，讓自己恢復健康的情緒，不再憤怒。

Chapter 04

信念，
是有分理性與非理性的

在這一章中，我們把有益的理性信念與無益的非理性信念分成幾個主要類別，並說明如何辨識及改變那些對你不利的信念。一如既往，我們從REBT的ABC處理法的C著手。當你在A點遇到不如意的事情時，C點（結果）可能出現兩種負面情緒：

- **健康的負面情緒**：如失望、遺憾、沮喪。
- **不健康的負面情緒**：如憂鬱、恐慌、憤怒、自怨自艾、挫折容忍力低下。

雖然這兩類負面情緒沒有嚴格的定義，但可以說，健康的負面情緒與行為能幫你因應及克服麻煩與問題，達成首要目標，開心地過有意義的日子，免受不必要的挫折與痛苦。相反的，不健康的負面情緒則會阻礙你達成許多重要目標。

我們也可以把信念體系（B）分成兩大類：

- 建設性或理性的信念（RBs）。
- 破壞性或非理性的信念（IBs）。

我們可以放心地假設，幾乎所有人都有許多理性的信念，否則人類難以生存。前面提過，人是從長輩那裡學到許多理性信念與非理性信念。但誠如心理學家喬治‧凱利（George Kelly）、尚‧皮亞傑（Jean Piaget）等人所示，不少信念是我們自己形成的。為什麼會這樣做？因為人類先天擅長解決問題，很容易產生對自己有益或有害的想法。

A點（促發事件或逆境）發生不幸的事情，而你在C點（情緒結果）感到燥躁不安，這時你同時有理性信念（RB）與非理性信念（IB）。如果理性信念勝過非理性信念，你在C點通常不會感到心煩意亂（焦慮或生氣）。然而，要是非理性信念勝過理性信念，通常你會感到煩擾不已。

想一想，這樣的信念會把你帶往何處？

我們回頭看前面的例子，看你是否能找到理性的信念。傑克與瓊恩爽約（A），你很生氣（C）。你可能在B點對自己說：「他們對我做的事情很過分。這兩個卑鄙的傢伙對我太不公平了，實在很糟糕！」這種想法看似理性

或合理，但仔細觀察你會發現，這裡表面上看來只是一個想法，但其實有兩個相互矛盾的想法。

首先，你認為：「他們對我做的事情很過分，他們破壞了我的計畫，不僅帶給我極大的不便，也讓我處於非常棘手的狀態，實在很不公平。」你認為傑克與瓊恩對你做了很過分的事情，這種想法看似正確，也很實際。

再來，你又說：「這兩個卑鄙的傢伙對我太不公平了，實在很糟糕！」你認為傑克與瓊恩所做的事情不僅「過分」**而且**「糟糕」，你最終得出一個非理性信念。你認為他們的行為很糟糕，這是不理性的，原因有幾個：一、說他們的行為「糟糕」，意指他們的行為完全錯了，錯得離譜。這是誇飾法，因為坦白講他們的行為沒**那麼**嚴重。二、你強調他們的行為很過分，**完全不該**發生，他們沒有權利那樣做。但實際上，他們對你的不公平對待**肯定**是存在的。因為它**確實**發生了。他們確實有權利（意指天賦特權）做正確或錯誤的事情。他們可以隨心所欲地做出惡劣的行為，有行事惡劣的**自由權**。三、你宣稱傑克與瓊恩做了一件不公平、糟糕的事。按一般的文化標準來看，你說得沒錯。但你也說他們很卑鄙，他們的本質現在是卑鄙的，很可能永遠都是卑鄙的。這樣講是以偏概全，誇大

其辭！四、你把他們的行為「糟糕化」，並因為他們的一小部分行為，而譴責他們的整個人格……這些信念會把你帶往何處？答案：使你自己陷入悲慘的境地，類似你譴責他們會去的地獄。因此，你覺得很憤怒，可能因為憤怒而做傻事，還很容易激怒傑克與瓊恩，恐怕也會給大家帶來不必要的不愉快。

你能明白，你對「朋友待你不公」的反應（以及過度反應），可能弊大於利嗎？好好想想這點吧！

當非理性信念壓過理性信念時，人很容易忽視現實，思考不合邏輯，引發不必要的麻煩，阻礙健康的感覺及建設性的行動。而REBT告訴你，除非你知道並努力改變非理性信念，否則你很難處理憤怒和其他心煩意亂的情緒。REBT包括許多改變這些感覺的情感技巧，以及許多改進行為的活動方式。**但它主張，如果想最有效地改變你的感覺與行為，最好特別用心去改變你的信念體系。**

從四大非理性信念解脫，徹底放下怒氣

我們來回顧一下上面的例子：在A點，瓊恩與傑克爽約，對你很不公平。

- 如果運用理性信念體系（RBs），你會這樣想：「我不喜歡這樣，真希望他們沒有對我那麼差。」
- 在C點，你體驗到健康的情緒結果。你感到失望、不快、不舒服。
- **理性信念**：「我不喜歡事情變成這樣。」健康的負面情緒：失望、沮喪、遺憾。

相反的，如果你在C點很憤怒（不健康的情緒結果），你需要運用REBT，找出導致你憤怒的非理性信念（IB）。

為了找出及根除非理性信念，你使用REBT的駁斥法（D），這是為了找出你在B點抱持的不切實際、不合邏輯的信念。把憤怒放入REBT框架中，你可以先觀察A與C發生的事情，來發現你的理性信念（RB）與非理性信念（IB）。例如，你的理性信念之一是：「傑克與瓊恩真討厭，跟我約好了又反悔。」這種信念／想法**確實**很有道理，每個人都會認同。此外，你認為他們的行為很討厭，那可能會讓你產生健康的情緒（失望），而不是破壞性的情緒（憤怒）。

接著，你繼續觀察你的信念／想法，看你還想了什

麼。你發現你也告訴自己：「瓊恩與傑克這麼不負責任，真是糟糕！這實在太不公平，太惡劣了！」這種信念／想法乍看之下似乎不無道理，不會太不理性，但實際上卻是讓自己製造憤怒的四大不理性說法之一。當你認為他們對你不公實在很糟糕、很惡劣或很可惡時，你已經把**不公平**視同**惡劣**，沒有看出兩者的不同。

　　導致你及其他數十億人生氣、憤怒，抓狂，甚至產生殺人念頭的四大非理性信念（IB）是什麼？它們通常是：

1. 「別人對我如此無禮及不公平，實在很**惡劣**！」
2. 「我**實在受不了**他們那樣對我！」
3. 「他們**完全不該、不可以**做得那麼過分！」
4. 「他們的行為太卑劣了，實在很**糟糕**，不配過好日子，應該受到懲罰！」

　　這些譴責的話語都是相關的，往往會把一個人的「惡行」歸咎於整個人都壞透了。但這種把行為與整個人融合在一起的看法，意指只有「好人」會做「好」事，做「壞」事的肯定都是惡劣的「壞人」。更無限上綱的推論是：任何人只要做了其他人認定的「壞」事，他肯定是

「壞人」。「好」人應該**永遠不會**做壞事，因為他是「好人」，只會做「好」事。同樣的，「壞」人應該**永遠不會**做好事，因為他是壞人，只會做「壞」事。

然而，事實上，我們知道有些人在大家眼中是負責任的好人，卻經常待人不公。同樣的，有些人在很多場合待人很公平，但有時卻被許多人視為「壞人」。我們應該特別注意這種過度以偏概全的思維。

回到前面的例子：你對瓊恩與傑克很生氣，他們做了一件糟糕的事情，所以你覺得他們很糟糕。運用REBT，你可以看出你不健康的情緒結果（憤怒），是因為你把他們和不負責任的行為連結在一起，**也**是因為你錯誤地譴責他們（因他們的行為而譴責他們整個人）。為了維持理性（這是自助，也是助人），你可以評估瓊恩與傑克的不公行為，同時不要把他們貶抑成「惡劣的人」。

由於你認為瓊恩與傑克的行為很討厭，而不是他們整個人都很討厭，再加上他們爽約對你造成很大的不便，你現在可以明智地決定：以後不再與他們做任何約定。當你放下怒氣，就有可能與他們重新建立良好的關係，因為你還是承認他們有一些優點。由於你沒有完全否定他們，他們可能因此覺得你判斷公正，進而尊重你，也許這可以促

使他們未來對你更公平。

　　從這個例子可以看出，REBT原則不僅處理憤怒的破壞面，也常提供架構，讓人在相互尊重的基礎上重建關係。前面提過，憤怒的一大損失是導致眾叛親離。

　　目前為止，我們解釋了REBT理論的基本原則。下一章將說明可用來發現非理性信念（IB）的各種方法，這些非理性信念就是導致你產生破壞性憤怒的主因。

Chapter 05

是什麼讓你發怒？
「必須狂」上身！

洞悉你的過去與現在很吸引人，但是那樣做還不夠！你需要搞清楚，最初是什麼原因導致你發怒，以及為什麼你現在依然這樣做。這就是REBT的功能所在，它會顯示這兩點。

　　在本章中，我們會探討是什麼因素，導致你產生破壞性的憤怒：你以前做了什麼，現在仍在做什麼，今後可能繼續做什麼。更重要的是，我們將說明，如何運用這種洞察力來改變那些讓你發怒的因素。

　　話說回來，REBT洞悉憤怒的方式很像心理分析療法嗎？當然不是！REBT更深入、更有效。如果你向分析師提出你的憤怒問題，他可能會花好幾年的時間，分析你童年時遭到家人虐待，導致你很憤怒，你把早期的憤怒轉移到現在的摯友身上，所以如今才會心煩意亂。

　　即使這種觀點是正確的，那真的對你有幫助嗎？不太可能！這種觀點充其量只是告訴你，最初導致你發怒及現在依然讓你感到憤怒的**情況**，但你不會因此明白自己早期及現在，對這些情況的信念／想法，也沒有教你如何**改變**這些信念／想法。

　　REBT會顯示，你對童年時期遭家人虐待有何**看法／觀點**，以及你對目前成為受害者抱持什麼**態度**。它讓你看

到，無論你在脆弱的童年受到什麼影響，如今你**仍在**重新影響自己。而且，身為會思考的人，現在你可以**徹底改變**那些讓你發怒的信念／想法。沒錯，你可以改變。

REBT超越了心理分析療法，它強調：身為成人，你現在可以做有意識的**選擇**。「你」（而不是你的家人或其他人）現在可以做出及指引這些選擇。身為成人，你**有能力**控制你的想法、態度、行為。只要你肯**努力**，你就**有能力**根據自身意念，安排自己的生活。

許多客戶得知自己的非理性信念（IB）後告訴我們，那些非理性信念是來自父母。話雖如此，但他們仍選擇**保留**那些不理性的想法。此外，REBT強調，小孩與大人一樣**有創意**。他們把自己的願望和喜好（部分源自父母與文化），轉變成對自己不利的要求與命令——絕對應該如何（absolutistic shoulds、absolutistic oughts）、絕對必須如何（absolutistic musts）。因此，他們不僅學習成為對自己不利的「必須狂」（musturbator），**也**發揮創意使自己變成「必須狂」。沒錯，有些信念確實是童年形成的，而且一直抱持到成年，從未捨棄。但有些信念也源自於他們**自己**發明扭曲思維的創意天賦。

現在回到REBT模型，並說明如何找出及盡量減少那

些阻礙我們實現目標的非理性信念。在上一章中，我們提到，對逆境（A）出現心煩意亂的反應（C），大多是非理性信念造成的。現在我們要問的是：B是由什麼組成？更重要的是，你抱持什麼理性信念（RB）與非理性信念（IB）？

抽絲剝繭，找出你的非理性信念

你可以用兩種方法來找出你的RB與IB。首先是自問：「我在C感受到心煩意亂的結果以前，在B抱持什麼想法？」如果沒有明確的答案，可以嘗試第二種方法。你知道A與C。如果C是不健康的情緒（如憤怒、焦慮、憂鬱），你就可以認定，某種非理性信念影響了你的感覺。前面已經提過使人發怒的四大非理性信念，這裡再重複一遍：

1.「你這樣對我，實在很**惡劣**或**糟糕**！」
2.「我**實在受不了**你這種不負責任的行為！」
3.「你**不該、不可以**對我做出這種惡劣的行為！」
4.「你的行為**太不應該了**，你很卑鄙，應該受到嚴厲

的懲罰！」

　　這些說法適用於憤怒，如果你在 C 感受到焦慮，說法
則略有不同。若你擔心得不到真正想要的東西（比如成功
或快樂），但又要求或命令自己**絕對必須**得到它，你會感
到焦慮。焦慮通常是來自你對自己的非理性信念，而憤怒
則是來自你對他人的非理性信念。

　　我們沿用前面的例子。假設你輾轉得知傑克與瓊恩不
想履行與你的約定，而你是聽說他們向朋友暗示，他們不
打算履約。你還不確定他們會不會爽約，也猶豫要不要當
面問他們。所以，在 A 點，你認為他們可能爽約，但還不
確定。在 C 點，你使自己感到焦慮。那導致你焦慮的非理
性信念是什麼？它們可能是：

1. 「如果瓊恩與傑克爽約，那實在很**惡劣**！那樣一
　來，我就無法管理公寓了，那很**糟糕**！」
2. 「這種情況下，我**無法忍受**他們給我造成的不
　便！」
3. 「我**不該**讓他們把我拖入這種困境，我真**沒用**，竟
　然讓這樣事情發生！」

4.「如果我不能以**必要**方式處理他們可能爽約這件事，我實在很**差勁**。我無法以**該有**的方式處理這種情況，真是活該！」

你可以輕易看到，上述讓你焦慮的非理性信念，與那些使你憤怒的非理性信念很像。主要的差異在於，這些信念是關於你自己，而不是關於傑克與瓊恩。

另一種在C點產生不健康的負面情緒，而導致你心煩意亂的情況，可能如下：假設傑克與瓊恩不是爽約，而是因為他們被調到另一個城市上班，不得不搬離這裡。你知道他們別無選擇，想保住工作就必須搬走，所以你能夠了解他們的決定。雖然你沒有生他們的氣，但你在C點很沮喪，你可能產生以下的非理性信念：

1.「我怎麼會遇到那麼慘的情況，實在**太糟了**！」
2.「我**實在受不了**事情竟然發展成這樣！」
3.「事情**不該**這樣發展的，麻煩死了！」
4.「什麼事情都不如我意。人生對我**總是**那麼**不公平，不該**這樣的！」

顯然，上述信念是不理性的，也對自己不利。然而，當我們感到失望時，幾乎每個人都會這樣想。由此可見，導致憤怒、焦慮、憂鬱的非理性信念很相似。使人發怒的非理性信念會導致我們怪罪**他人**，使人焦慮的非理性信念則是責怪**自己**，而使人憂鬱的非理性信念則常會責備**大環境**。

你是「必須狂」嗎？三大非理性信念來源

REBT的治療師持續聽到多種非理性信念，這些信念使人憤怒、焦慮、憂鬱。不過，仔細分析後，我們發現這些非理性信念可分成三種「必須狂」類型：一、針對自己的必須，這會導致焦慮與憂鬱：「我絕對必須做得很好，並獲得重要人物的認可！」二、針對別人的必須，這會引發憤怒：「你必須善待我，公平地對待我！」三、針對環境或世界情勢的必須，這會造成挫折容忍力低下、憤怒、憂鬱：「情況必須是我想要的那樣！」這些武斷的「必須」條件，似乎是所有神經官能症的基本特徵。一旦它們無法實現（無法實現是常態），「必須狂」往往會得出幾個看似「合乎邏輯」的結論：

1. **糟糕化**：「我做得這麼差（我**絕對應該**做得更好），實在**太糟了**！」「你對我這麼不好，實在太糟了（你**絕對應該**對我更體貼的）！」

2. **受不了**：「我實在受不了你對我那麼差（你**完全不該**如此對我）！」「情況變得太糟了（情況**絕對不該**如此），我受不了了！」

3. **咒罵**：「我做得那麼差（我**絕對不該**這樣），我真差勁，受苦活該！」「我太愚蠢、太無能了（我**絕對不該**這樣），我真沒用！」「你對我很過分、不公平（你**絕對不該**這樣），你真的很可惡！」

4. **全有或全無；過分以偏概全**：「只要幾次達不到重要的目標（我**絕對不該**這樣），我就會一直失敗，永遠不會成功，從此證明我很差！」「如果你對我不好、不公平（你**絕對不該**這樣），你就是**永遠不會**善待我的壞蛋！」

你會發現，當你心煩意亂時，通常會有一個或多個上述的非理性信念，有時甚至是以上想法都有！你把不幸的逆境（A）想得太糟糕；堅持認為你受不了逆境；責備自己、他人、大環境讓你心煩意亂；你對問題的看法過於以

偏概全，只以全有或全無、非黑即白的方式看待它們。你不僅把不幸的促發事件或逆境**看得太重**，還**誇大**它們，**過於**認真地看待它們！

為什麼會這樣？因為這是人之常情——不是**必然**，而是**習慣**這樣做。為了生存，為了快樂，人們通常必須優先考量或重視幾件事，例如獲得足夠的空氣、食物、水、住所，否則就活不下去。他們**最好**應該優先考量許多其他的事情，像是與人融洽地相處，有一些親近的人際關係，從事適合的工作或職業，有長遠的目標與使命，享受娛樂活動，否則他們會活得很悲慘。

因此，REBT認為，抱持著你「**應該**」（shoulds）如何的想法也可以，只要它們是「**最好應該**」（preferably shoulds）如何。所以，你可以理性地認為：「我最好應該成功，獲得他人的認可，過得自在安適，但我不是**非得這樣不可**（have to）。即使我失敗了，沒有獲得認可，要與不安共處，我也**能夠**（can）過得相當快樂。」你也可以這樣想：「如果我想要某些結果，例如找到好工作並持續做下去，那麼我必須先去應徵，面試順利，好好上班，與上司好好相處等等。但我不是**絕對必要**找到好工作並持續做下去，只要有合意的工作就好了！」

REBT特別強調，命令式的「應該」與「必須」往往會讓你得到不好的結果（雖然不見得總是如此）。誠如前述，有三種基本或核心要求會讓你心煩意亂，阻礙你的發展：「『我』絕對必須做好！」「『別人』必須一直表現良好！」「『情況』必須一直是我希望的樣子！」當你老是把渴望提升成你覺得必要的需求，把偏好提升成要求與堅持，把相對的願望提升成絕對的指令時，你就會感到不必要的憤怒、焦慮或沮喪。

　　每次你感到情緒不安，就很容易動用一兩種「必須狂」的形式，甚至三種全部用上。很多人性問題與內在需求沒什麼關係，但情緒問題往往是來自這些思維與行為形式。我們與數千位情緒困擾程度不同的個案談過以後，發現每個人都是自己用語言製造出不必要的情緒困擾。

　　不分男女，幾乎每個人都有數十個非理性信念，而任一個非理性信念都可能給你帶來麻煩。前面提過，所有的非理性信念都可以歸在三大類之中。這些非理性信念會造成或導致情緒困擾，我們來分析這些非理性信念的其他常見形式。

「我必須是有成就的，並獲得他人的認可！」

「我**必須**做得很好，獲得他人的認可，絕對不能遭到否決，否則我就是很差勁、很無能的人。」

一旦你像很多人那樣抱持這種想法，可能自然而然得出以下結論：「如果我很差勁或不如人，我幾乎不可能或永遠不會完成重要的事情。既然如此，那又何必努力？」

這種不理性的成就目標及非得獲得認可的想法，對你不利，因為這種想法往往促成強烈的焦慮感、憂鬱、無用感、自我憎恨、逃避、拖延、壓抑，以及其他的退縮行為。

更糟的是，當你要求自己**必須**做得很好，**必須**獲得他人的認可時，你其實做得不夠，因此產生了剛剛提到的情緒與行為問題。然後，你經常強迫自己想著這些症狀：「我一定不能感到焦慮！我必須迴避可能失敗的事情！」於是，你**針對**主要症狀產生了次要症狀，尤其是對你的焦慮感到焦慮，對你的憂鬱感到憂鬱，導致你現在**加倍**沮喪！

「如果有人不善待我，就應該受到懲罰！」

「別人**絕對**必須以我期待的方式那樣體諒我，善待我。如果他們不這樣做，就是壞蛋，應該為這種惡劣行徑受到詛咒與懲罰。」

這種不理性的絕對信念往往讓你生氣、惹人厭、變得刻薄、好鬥、報復心強，當然也常促使那些你不喜歡的人對你更加不好。你可能習慣告訴自己：「我**不該**生氣，不該有報復心理！」於是，你生他們的氣時，你又氣**自己**這樣做。

「所有事情必須如我所願，我受不了惡劣的情況！」

「這個世界（及世界上的人）都**必須**如我所願，讓我隨心所欲獲得想要的任何東西。此外，周遭情況**必須**如我所願，這樣我才不會得到不想要的東西。而且，我通常必須迅速又輕易地得到想要的東西。」

這些對自己不利的要求，導致你的挫折容忍力低下，或讓你感到心煩意亂。如果你堅持這樣想，你會對惡劣的狀況感到憤怒，而且常抗拒改變或處理它們。你容易感到

沮喪與無助，放棄與退縮，抱怨情況**惡劣**及大吼大叫，說你**受不了**了。然後，你又因為挫折容忍力低下而自責。

當然，前文提到的三大非理性信念，還可以延伸出很多形式。我們再次提醒大家，當你抱持這些想法，它們會鼓勵你訴諸以下結論：把事情糟糕化、覺得受不了、責怪自己或他人、無效的以偏概全。

Chapter 06

三大洞見，找到你需要的「消氣」解方

我們再次從REBT的一個基本原則開始：別人說不定真的想惹你生氣，但是就像人權運動家愛蓮娜‧羅斯福（Eleanor Roosevelt）所說的，別人想讓你感到自卑，也要你自己同意才行。激怒你的，通常是你自己。你因為對他人的「不公」行為產生非理性信念，而引發怒氣。本章說明如何運用三種重要的REBT洞見，來分析那些使你生氣的信念。

一直很生氣？三大洞見，察覺改變的關鍵

洞見一：沒錯，你目前的憤怒可能與過去的經歷有**某種**關聯，但這種關聯不像佛洛伊德與其他心理學家所說的那麼強。今天你感到憤怒（在C點），你所氣憤的逆境（A）**促成**了C，但A不是直接**造成**C的原因。相反的，你當前對「不公平」的A所抱持的信念（B），才是「造成」C的主因。沒錯，你早期的創傷可能對這個過程很重要，但幾乎稱不上是關鍵。你**現在**的逆境與你**目前**對那個逆境的信念**更**重要。當然，你會發現這種看法與其他幾種治療方法的看法完全相反。

我們並不是說，你過去的經歷對現在的行為**沒有影**

響。例如，研究發現，相較於沒遭到暴力或苛待的孩子，那些幼時遭父母嚴厲懲罰的孩子終其一生都更容易發怒，對人比較有暴力傾向。雖然這在某種程度上表示，一個人的早期教養與他日後的行為之間，有某種程度的關係，但我們最好不要把這種資訊視為定論。

除了早期環境的影響以外，最好也考慮可能的遺傳因素。在不友善環境中成長的人，憤怒與暴力傾向較高，這可能不止涉及後天因素，也牽涉先天的遺傳因素。因為父母如有遺傳的攻擊性傾向，可能也會把這種性格遺傳給孩子。這樣的話，父母說不定以嚴厲的管教方式，來對待孩子的攻擊性，那又進一步加強了孩子的暴力傾向。這就形成了暴力的惡性循環，導致更多的暴力，而這正是REBT想要打破的循環。

第一個洞見是強調你現今信念的重要性。在REBT中，我們不會細探你是如何形成那些信念的。你童年時期從父母與長輩那裡得到的教誨，可能確實對你現在的信念產生很大的影響。然而，如前所述，無論你當初是如何形成這些信念的，現在你都可以改變。所以，發現非理性的信念是怎麼形成的雖有意思，但更重要的是知道現在你有哪些非理性的信念，並努力改變它們。

接著來看REBT的洞見二：無論你最初是如何形成那些對自己不利的非理性信念，現在你因為不斷對自己**重複**那些信念，以不同的方式**強化**它們、照著它們**採取行動**，又**拒絕**質疑那些信念，所以你還抱著那些信念不放。最初可能是別人幫你形成那些非理性的信念，許多非理性的信念甚至是別人灌輸你的，但你抱持那些信念的主因，是你依然用它們來給自己洗腦。

洞見二涉及兩個密切相連的重點。第一，你因一再對自己重複那些信念，又經常照著它們採取行動，所以一直抱著那些讓你生氣的早期非理性信念。你似乎是自動或不自覺地這樣做，但仔細觀察會發現，你一直**積極地**重申這些非理性的信念。同樣的，你一旦討厭某人，感覺憤怒會自然而然地持續下去，但那其實是因為你經常告訴自己：「這個人**絕對不該**做得那麼過分，他那樣做實在非常卑劣。」所以你才會極力保持憤怒。

第二，REBT認為，最初使你生氣的挫折，與你長時間一直無法息怒沒有什麼關係。你之所以一直生氣，不是因為讓你感到挫折的事情，而是因為你對最初挫折的持續看法。

假設你因童年遭到父母虐待而非常生氣，如果你現在

還恨他們，你很可能不斷對自己重複多年前形成的信念：「我小時候，他們殘忍不公地虐待我，他們**絕對不該、不可以**這樣做！他們實在很可惡！」

除非你不斷對自己重複你對最初逆境的非理性信念，因此迫使自己持續抱著這種想法，否則即使你還記得、也不喜歡他們對你做的事情，你很可能不會再那麼氣恨父母。所以，你之所以**一直**感到很生氣，是因為你對最初逆境持續抱持的**看法**，而不是因為逆境本身。

REBT 的第三個洞見是，為了改變你心煩意亂的情緒與行為，以及造成它們的非理性信念，你幾乎一定要投入大量的心力與練習。因為無論你多清楚那些非理性的態度與行為對你有多不利，除非你有效地質疑那些想法並採取行動抵制它們，否則你再怎麼清楚它們的存在也無濟於事。而且，沒有努力大量地練習，你很難改變它們。

你所有的信念，不管是理性、還是不理性的，都有強度上的差異。例如，你可能有某些迷信的想法，只是迷信的程度不同。雖然，理性告訴你，看到黑貓及摔破鏡子不會帶來厄運，你還是會盡量迴避它們，因為你依然相信它們會帶來厄運。由此可見，**告訴**自己某事是理性的，與真正**說服自己相信**某事是理性的，有很大的區別。

光有認知是不夠的，重點是……

由於信念往往強度不同，你最好在D點（駁斥）**強烈地**質疑你的非理性信念。無論你多麼清楚某信念是不理性的，除非你培養出真正的技能來駁斥這個信念，否則這個洞見對你的幫助微乎其微。而且，除非你**強烈地**駁斥非理性的信念，不然你還是會那樣想。光有洞見與認知往往沒什麼效果。

切記，你越強烈及持續地質疑、駁斥那些讓你產生焦慮或憤怒的非理性信念，就能越快改變它們。下一章，我們將說明檢查及駁斥非理性信念的基本策略。

Chapter 07

學會駁斥，
不再受無益的念頭折騰

在REBT中，D代表駁斥。首先，請找出在你產生心煩意亂的情緒結果、或行為結果（C）以前的促發經驗或逆境（A）。第二，找出關於A的理性信念（RB）與非理性信念（IB）。第三，你清楚承認，非理性信念（IB）使你產生心煩意亂或不健康的結果（C）。第四，你強烈且持續地駁斥非理性信念（IB）。

在孟買從事REBT治療及傳授REBT的心理學家基少爾・斐克（Kishor Phadke）把駁斥分為三部分：

- 發現。
- 辨別。
- 辯論。

沒錯！駁斥大致是由這三個部分組成：發現你主要的非理性信念；辨別理性信念與非理性信念；積極認真地辯論這些非理性的信念。到目前為止，我們已經討論了憤怒的ABC處理法，並說明如何發現那些使你生氣的非理性信念。現在要說明，如何區分理性信念與非理性信念，以及如何強烈且持續地駁斥非理性的信念。

究竟，理性和非理性信念有何不同？

在討論之前，先回顧一下，你生別人的氣時，容易抱持的四種非理性信念。注意，每一種非理性信念都對應一種理性信念，你可以區分這兩種信念。有人冒犯你時，理性的信念可以讓你產生健康的負面情緒，而**不是**憤怒。

- **理性信念**：「我不喜歡你辱罵我，我希望你別再罵了！」
- **非理性信念**：「你**絕對不可以**這樣辱罵我。你**永遠不該**用那種惡劣的方式對我！」

- **理性信念**：「你辱罵我，對我並不公平，你的行為是錯的，最好改正。」
- **非理性信念**：「你辱罵我，對我並不公平，你**絕對不該**這樣做，你很惡劣，應該遭到譴責與嚴厲懲罰！」

- **理性信念**：「你辱罵我，讓我很不舒服。我希望你最好停止，為此感到抱歉。」

- **非理性信念**：「你辱罵我，實在很**糟糕**，你**不該**這樣！沒有什麼比這種行為更惡劣的了！」

- **理性信念**：「你不負責任地辱罵我，我覺得很不舒服，這讓我想要盡量遠離你。」
- **非理性信念**：「你不負責任地辱罵我，我覺得很不舒服，你**不該**這樣！我**受不了**了，只覺得很痛苦，完全無法從任何事情中找到快樂。」

上面分別列出了理性的表達（建議**最好**如何），以及非理性的表達（**命令**）。所以，首先，看清楚兩種信念的差異。接著，持續抱持理性信念，並強烈駁斥非理性信念，做法如下。

要強烈駁斥可疑的信念，請先自問……

我們再次以合租公寓的情境為例。傑克與瓊恩對你很不公平，你的非理性信念告訴你：「他們害我費了那麼大的勁，然後爽約，實在太糟糕了。」

假設你對這種非理性的信念深信不疑，若要駁斥這種

觀點，你需要先自問：「為什麼他們在沒有充分理由下就爽約很糟糕？」或者，你可以更簡潔地自問：「為什麼他們對我不公平很糟糕？」

當然，你可以說傑克與瓊恩的行為帶給你不必要的麻煩，害你花了很多錢。確實如此，但如果你只覺得他們的行為惱人，對你不利，你只會感到失望與遺憾，而不是真的生氣。事實上，你因為把他們的行為糟糕化，才產生不健康的憤怒情緒。

你可以說傑克與瓊恩對你爽約是「不好的」或「不公道」，因為你們確實談妥了。但他們沒遵守約定，導致你無法達到目標，利益受損。然而，如果你說他們的行為很**糟糕、惡劣**，那隱含了幾種很有問題的額外信念：

1. 「傑克與瓊恩對我太惡劣了，沒有人比他們對我更惡劣！」
2. 「他們對我糟透了，我**根本無法**好好過日子！」
3. 「他們**完全不該、不可以**對我這麼糟！」
4. 「身為朋友，他們**絕對不能**對我不好，應該好好待我，況且朋友更**應該**如此！」

你可以自問以下的問題並提出合適的答案，來質疑、駁斥這些可疑的信念：

質疑：「傑克與瓊恩真的對我那麼惡劣嗎？真的沒有人比他們對我更惡劣嗎？」

答案：「不是，他們對我不好，但還不算最糟。更糟的情況是，他們可能殺了我！或者，他們搬來和我一起住以後，在很多方面持續帶給我麻煩。」

質疑：「他們真的對我糟透了嗎？害我**完全無法**好好過日子嗎？」

答案：「不是，他們確實對我很糟，但還不到糟糕透頂的程度。而且，不管他們對我多不好，只要我不再對他們的不當行為生氣，我還是**可以**好好過日子（雖然不像他們公平待我那麼好）。」

質疑：「有什麼理由使他們**完全不該、不可以**對我這麼糟嗎？」

答案：「當然沒有。他們這樣待我之所以很不恰當，原因有很多。但他們**必然**有可能會做出這些不好的行為。顯然那是他們的本性，他們想胡作非為時，**一定會**惹是生非。無論發生什麼，都是無可避免的，**必須**當下就此接

受。這就是殘酷的**現實！**」

質疑：「身為朋友，他們**絕對不能**對我不好，尤其是朋友，更**不該**如此，這是真的嗎？」

答案：「胡說！朋友可能像任何人一樣對我不好，有時就是這樣。顯然，這些特殊的『朋友』不是那麼友善。好吧，他們不見得**非得**對我好！下次，我最好和不是朋友的人簽合租公寓的合約！」

針對別人對待你的方式，或你**認為**別人對你不友善、不公平的情況，你把它「糟糕化」並抱著「必須狂」的思維。但就算你持續強烈地質疑這種「糟糕化」及「必須狂」的思維，你仍然會有明顯的負面情緒。因為REBT並沒有試圖讓你變得「理性」，它不是用來幫你擺脫所有的情緒。REBT不是這樣運作的！當你遇到事情出錯，或你導致事情出紕漏時，REBT鼓勵你產生一些負面情緒，例如悲傷、遺憾、失望、沮喪、心煩、急躁。這些是**健康**的負面情緒，因為它們幫你因應逆境，克服難關，必要時還有雅量去接受及容忍這些困難。所以，不要試圖擺脫或摒除所有的情緒！

相反的，你應該區別**不健康**的負面情緒（如憤怒、驚

慌、憂鬱、自憐），與**健康**的負面情緒。而且，只尋找、發現、質疑潛藏在不健康的負面情緒背後，那些「必須狂」思維與「糟糕化」想法。一旦你學會如何駁斥及改變那些「必須狂」的思維，以及常伴隨那種思維出現的「糟糕化」想法，你一輩子都能善用這些技巧。

用 REBT 自助表，大幅減少你憤怒的情緒

誠如本書一直強調的，REBT 教大家許多思維方法、情緒方法、行為方法，以分析及減少破壞性的憤怒情緒（以及其他對我們不利的情緒）。它非常鼓勵大家持續做作業，以練習這些方法。

其中，為了盡量減少憤怒的反應，經常填寫附錄中的 REBT 自助表，是作業的重頭戲。該表是改編自溫迪・德萊頓（Windy Dryden）與珍・沃克（Jane Walker）在英國開發的表格。

為了示範如何為你的憤怒問題，填寫典型的 REBT 自助表，附錄也提供了一份填好的樣本。

Chapter 08

讓自己不生氣的思維方法

停止「糟糕化」及「必須狂」的思維，是根除憤怒、怨恨、暴怒情緒的根本。話說回來，人們主要是以幾種方式，進入「糟糕化」及「必須狂」的思維。一旦你告訴自己某件事很**糟糕**、事情**不該**如此，你也常說服自己相信其他相關的非理性信念。現在我們來看其他的非理性信念，以及如何盡量消除這些想法。

當你想著「我受不了」，問問自己……

前面提過，REBT把非理性的信念加以分類，其中一類名為「我受不了」。我們常在底下的話語中，發現這種醜化事情的說法：「你不該不公平地對我，但你確實這樣做了，所以我受不了你對我的方式！」

在REBT的駁斥（D）中，所謂的「辯論」部分，是指問自己一些問題，以質疑你的非理性信念。主要的質疑包括「為什麼？」「怎麼做的？」「以什麼方式？」「有什麼證據可以證明這點？」「哪裡可以找到證據？」因此，你自問：「為什麼我受不了這種不公平的對待？」

你對瓊恩與傑克的爽約感到憤怒時，你可能對自己說：「因為他們對我非常不公平，給我造成許多不必要的

傷害，我**受不了**他們這樣對我。」

你現在可以自問：「為什麼我受不了？」你受不了這種情況，可能是因為你覺得，你為了傑克與瓊恩的不公平行為，已經經歷了**太多痛苦、太多折磨**。所以你把**許多**痛苦與折磨，升級成**太多**的痛苦與折磨。「太」這個字眼在這裡或多或少帶有一種神奇的特質。你認為你只能讓傑克與瓊恩帶給你**許多**麻煩與不便，**不能再多了**。因此，你把他們帶給你的麻煩定義成**太**多了。為什麼太多？因為你說了算，沒有任何更精確或更實際的理由。多數人都會認同，瓊恩與傑克確實給你帶來**很多**挫折。但太多嗎？誰說了算？解答：只有你。

事實上，每當你認為某種挫折太多，因此受不了時，你不僅為那個挫折所苦，也為挫折容忍力低下（low frustration tolerance，LFT）所苦。LFT是指容易為了挫折而叫囂咆哮，不止是不喜歡挫折而已。然而，叫囂咆哮會使你變得比原本更加沮喪。

相反的，一旦你一直針對自己「受不了的狀況」進行辯駁，就會逐漸以更實際的態度來處理挫折。畢竟，你相信的任何事情，你也絕對可以**拒絕**相信。你無法控制什麼東西確實存在，但你確實可以掌控（幾乎完全掌握）你**怎**

麼**看待**存在的東西。所以，雖然你幾乎無法控制傑克與瓊恩如何對你（公平或不公平，好或壞），但是對於你怎麼看待他們的不公平對待，你確實有很多選擇。因此，即使你認為他們的行為非常不公平，即使其他人也認同你遭到很惡劣的對待，你仍然能選擇相信這個有效的新哲學觀／想法（Effective New Philosophy，E）：

1.「我**可以**忍受這種不公平，雖然我不喜歡這樣。」
2.「這樣很不好，但**不是**很**糟糕**、**惡劣**。」
3.「傑克與瓊恩公平地對待我當然**最好**，但他們顯然**沒必要**這樣做。」
4.「他們**不是壞人**，只是有時對我很壞。」

「他們就是該死的傢伙！」這樣想，問題在哪？

現在我們來辯論另一種非理性信念：「傑克與瓊恩對我不公平，他們**絕對不該**如此，因此他們是很**惡劣**、**該死的傢伙**，不配過好日子！」那麼如何駁斥這種非理性信念，藉此繼續討厭傑克與瓊恩的**行為**，而不是永遠徹底地

痛恨**他們**？到底該怎麼做？

　　首先，你需要再次擺脫你那個愚蠢的想法：認為傑克與瓊恩**絕對必須**在道德上表現良好。由於他們的行為違背了社會文化的通則，你可以合理地認為他們的行為是「錯的」、「不公平」、「不道德」。你也可以因此推論：「如果他們的行為正當、公平、有道德，那會**更好**，但顯然他們**沒必要**這麼做。」上一章提過，首先，要積極地「辯論」你不小心強加給瓊恩與傑克的誇大要求（不切實際的「必須」）。

　　一旦你不再用「必須狂」的思維，看待那兩個「朋友」及他們的不公平對待，你就可以輕易地放下對他們**這個人**的譴責，不再因其行為不當而咒罵他們。每次你對別人的行為感到生氣時，你很容易把他的**行為**視同他這個人，然後**全盤**否定這個人，這是人之常情。前面已經提過這點，但由於不要譴責別人對情緒健康非常重要，底下我們更詳細來討論這點。

　　阿爾弗雷德‧柯日布斯基（Alfred Korzybski）在1933年出版的《科學與健全》（*Science and Sanity*）中寫得好：世人沒有好壞之分。因為「好人」只會做好事，永遠不會做壞事，而「壞人」只會做壞事。然而，即使是聖人，也

做過壞事。即使是希特勒、史達林等因危害人類而惡名昭彰的人，也做了一些好事！對任何人做通泛或全盤的評估，是誤導性的以偏概全，是以非黑即白的方法來評價人，那肯定是不準確的！

即使傑克與瓊恩確實對你很壞，你也不能準確地給他們貼上壞人的標籤，他們肯定有一些好的特質。諷刺的是，當你受仇恨驅使、去譴責他們的不公平行為時，你自己對他們的做法也不公平！他們不是壞蛋、害人精、魔鬼，也不是下等人。實際上，他們只是容易犯錯、把事情搞砸的人。但我們之中的任何人（當然也包括你在內），誰不是如此？

同樣重要的是：如果你全盤否定傑克與瓊恩，覺得他們**很惡劣、壞透了、一無是處**，那麼當你做出愚蠢、糟糕或不公平的行為時，你如何評價**自己**？我們猜，評價也很低。因為你既然會為了他人的錯誤而譴責他們，你怎麼能不因**你**的錯誤而譴責自己（你整個人或人格）？想想這個兩難狀況吧！

換句話說，你對他**這個人**的憎恨，非常接近**自我**憎恨。當然，承認自己的錯誤、缺陷、過失很重要。但是，如果你因為犯了那些錯誤而責備**自己**，那麼像你這樣**不好**

的人怎麼有能力改正錯誤？一個壞人怎麼可能在今後不做壞事？實在很難！

傑克與瓊恩的情況也是如此。如果他們對你不好就是一無是處、該死的傢伙，他們（以及其他被貼上「罪犯」標籤的人）怎麼可能改過自新？是啊，怎麼可能！所以，你因他們的過錯而譴責他們，這導致他們不可原諒，注定只會永遠做壞事。這樣全盤否定他們是公平的嗎？

這也是為什麼REBT會反對自尊與自責的概念，也反對神化或詛咒他人的原因。自尊——就像如今大家普遍了解的那樣，隱含、也似乎真的包含了自責。因為如果你會因你做了正確、好的、良善的事情而尊重與喜歡自己，當你做了錯誤、不好、不當的事情時（你**一定會**做這種事），你很可能也會討厭與憎恨自己。

其他人也一樣。如果他們做得好時，你尊重他們，那麼他們做不好時，你也會憎恨他們。那樣想對你沒什麼好處，你很容易因此生氣、發火，想要報復。這樣一來，你如何與他人培養友好、合作、互助的關係？這種思維不太對！

你可以做到下面這樣嗎：對傑克、瓊恩等人所**做**的一些事情，合情合理地感到生氣，但不為他們做的事情而對

他們感到生氣？可以的。這就是我們所謂的「理性的憤怒」，當你只對他人的想法、感覺、行為感到煩躁與不快，但不是為他的行為而對他這個人生氣時，你就是感到「理性的憤怒」。不過，要當心！因為每次你對別人的作為感到生氣時，幾乎都會不知怎地暗暗加入一種要求：他們絕對不該這樣做，所以他們及他們的行為都很糟糕。反觀如果你真的能這樣想：「我對傑克與瓊恩對我做的事情感到憤怒，但我還是能夠接受他們是容易犯錯、把事情搞砸、做錯事的人。」那就沒問題，只要你真的這麼想就好了！

REBT認為，你常費盡心思給自己不正確的評價。但你這樣做不是為了證明自己是常人，而是為了應證自己是超人，或證實自己比幾乎所有的人還要優越。當你追求「自尊」時，你其實是在追求完美、神聖、絕對的優越與高尚。你不止認為自己的某些特質比別人好、或比別人優越而已，你其實認為你的本質比其他人的本質好。你也可能認為，如果你不比其他人優秀，沒有受到大家普遍的推崇，你幾乎沒什麼價值，一無是處。

怪的是，你做了某件糟糕的事情時，會覺得自己一無是處。但別人有相同的缺點時，你可能輕易接納他。例

如，你寫了一篇很差的文章，你可能覺得自己完全不行，永遠寫不出好文章。但是，如果別人寫得一樣差，你會輕易就接受他的缺點。

我們不會質疑你對自己與他人的某些特質與特徵的評價與判斷。你可以熱切地喜歡或討厭任何事情，但不要把你對某個特質的判斷，延伸到你對一個人**其他**方面的判斷。

持續練習，能改變你看待事情的方法

我們再次以傑克與瓊恩爽約為例，來回顧REBT理論。

- **促發經驗或逆境（A）**：傑克與瓊恩爽約，對你不公平。
- **理性信念（RB）**：「我覺得他們的行為不可取，很遺憾。我不喜歡那樣。」
- **健康的負面結果（C）**：你感到沮喪、失望。
- **非理性信念（IB）**：「糟透了！他們**根本不該、不可**以那樣對我！」

- **不健康的負面結果（C）**：你很生氣，怒不可抑。
- **駁斥與辯論（D）**：發現到非理性信念，針對這些非理性信念問自己一些問題，以開始爭論與辯駁：「他們對我不公平，為什麼糟透了？有規定說他們**絕對不可以**這樣做嗎？」
- **認知效果或新哲學觀（E）**：「沒有理由他們**必須**公平地對我，雖然我確實希望他們**最好**能公平對我。他們對我不公平，讓我很痛苦，但我還可以忍受，好好地過日子！」
- **行為效果（E）**：息怒，釋懷，回到健康的負面結果：感到悲傷、失望。

除非你認真地練習REBT的ABC處理法無數次，一再反覆地練習，否則你往往會陷入非理性的信念，回到不健康的負面結果。唯有持續練習，才能一直打消非理性信念。然而，即使做到這樣，也未必永遠能根除。你還是很容易回到以前的不良習慣，這是人性使然。你很難做到盡善盡美。但使用REBT法，可以幫你找出非理性的信念與不健康的負面結果。而且，你會越來越善於辯論及駁斥非理性信念，並盡量減少這種想法。

無條件地接納自我與他人，可以讓你發現自己的潛力，也幫你承認自身缺點並加以改正。REBT使你在判斷別人的不當想法、感覺與行為時，不會因他們的不當或討厭行為而譴責**他們**。如果你認為別人的行為很糟糕，不想和他有任何關係，你當然有權那樣做。但試著想想，他們是**最好不該**以你不喜歡的方式行事，而不是**絕對不該**那樣做。

Chapter
09

讓自己不生氣的情緒方法

本章討論REBT用來息怒的一些情緒（emotive）方法。「情緒」方法是指，把焦點放在自己的感覺或欲望上，藉此打斷或改變憤怒的強大策略，有時甚至很戲劇性。至於下一章討論的「行為」方法，它可能與情緒方法有重疊，但往往是強調行動，而不是感覺。行為方法在使用上不像情緒方法那麼強大或戲劇性。

下定決心，無條件的自我接納

克服憤怒（及其他情緒問題）的情緒方法中，第一種、也是最重要的方法是無條件的自我接納。這需要有完全接納自己的強烈決心，不管你做了什麼（包括愚蠢地激怒自己），都要接納自己。

如果你來找我們做REBT治療，並提到你一直讓自己生氣，我們會以我們對你的態度與行為，來示範所謂的**無條件接納**。因此，我們會認同你的看法（憤怒有毀滅性），但我們會接納你，把你視為有這種不良行為（發怒）的人，不會以任何方式責怪你。不管你的行為如何，我們都會接納你——這種接納很可能讓你也接納自己，並有更多的時間與精力去改變自己。但即使心理治療師不見

得接納你，甚至每個人都苛責你，你還是可以在做錯事或表現不好時完全接納自己。因為如果你很在意別人的指責，認同他們把你視為一無是處的人，那表示你已經**決定**認同他們對你的看法。

切記，你可以聆聽別人對你的批判，完全認同他們對你的負評，然後只承認你的**行為**不好，但不會因為你行為不好就認為自己是**壞人**。此外，如果你已經很容易因為自己的不良情緒與行為而譴責自己，你可以決定**不認同自己**的態度。你可以下定決心接受有缺點的自己。當你堅定地做出這個決定時，這是一種自我選擇的情緒方法。

不管你做了什麼，你越果斷、越堅定地接受自己，而不是責備自己，就越能**感覺**到自我接納。你聽取別人對你的好評，並把那些好評變成自己的看法，就可以獲得這種正面積極的感覺。但你也可以**選擇**直接接納自己，來獲得這種感覺。沒錯，堅定地決定及**選擇**接受**有**缺點的自己。

下一步，是努力**維持**自我接納的感覺。你堅信一個想法，不止是因為你腦中浮現這個想法，或是因為某些人一直向你重複這個想法，而是因為你**努力**地重複它，一再地向自己證明這個想法。

即使你的想法帶有**實體的**偏見（例如你覺得蛋糕好

吃、牛排不好吃），你還是一再對自己重複這個想法很多次，尤其是你吃蛋糕的時候，更要告訴自己蛋糕有多好吃，而且比牛排好吃多了。你花很多心思來支持這個想法（「蛋糕太好吃了」），同時驗證對立的想法（「牛排不好吃」）。如此努力地練習，就會讓你在情緒上產生強烈的信念，深信蛋糕更好吃。

　　同樣的，你感到生氣時，也可以練習完全接納生氣的自己。你越頻繁、越努力地練習這種接納，對自己的感覺越好。在REBT中，我們假設憤怒通常弊大於利，知道這點後，你會更想要減少憤怒。我們認為，摒棄非理性信念是減少憤怒、更快樂地過日子的重要一步。與此同時，我們強調，在放下憤怒的同時，完全接納自己，並經常對自己重複這種自我認可。

「先讓怒火盡量狂燒」的心理演練

　　另一種情緒方法是理情心像（Rational Emotive Imagery，REI），這是由理性行為精神病學家小馬西・馬爾茲比醫師開發出來的。REBT改編REI如下：

　　首先，想像一個負面事件，或一系列導致你生氣或不

滿的事件。比方說,生動地想像傑克與瓊恩不僅以不當的態度拒絕履行與你合租公寓的約定,還否認他們曾經與你做過那個約定。他們指控你捏造整個故事,以迫使他們與你合租公寓。

現在想像這個負面經歷,或讓你產生強烈不滿的親身經歷。傑克與瓊恩爽約,甚至否認他們和你有過約定,你想到這裡,很可能怒火中燒。這時,不要迴避憤怒或其他心煩意亂的感覺,而是讓怒火盡量狂燒,讓你自己充分**感受到強烈的怒火**。

在你真正感受到憤怒一段時間後,強迫自己──真的努力強迫自己,改變這些感覺。運用你目前為止從REBT學到的東西,逐步使用ABC處理法。如果你感受到強烈的憤怒,不要告訴自己你無法改變這種感覺。你可以的。任何時候你都可以用這種方式,改變心煩意亂的感覺:感受內心最深層的憤怒,然後迫使自己改變這種感覺,從而體驗另一種更健康的負面情緒,像是對瓊恩與傑克的行為感到失望與煩躁。你絕對有能力做這種情緒改變。所以,認真地試試看,集中注意力去做。

在你強迫自己感受到健康的負面結果之後(對傑克與瓊恩的行為感到失望與煩躁,而不是因為他們的行為而譴

責**他們**），仔細想想你做了什麼才產生這種變化，並試著回想或重溫那個心理過程的確切步驟。你會發現，你已經以某種方式改變了你在 B 點的信念體系，從而扭轉了你在 C 點的情緒結果。你之所以能夠改變，可能是因為你告訴自己：「好吧，我實在不喜歡他們爽約，甚至否認我們曾經約定過。但人都會犯錯，他們確實有權利做令人討厭的事情。」或者，「他們的不公平行為，確實給我帶來很多麻煩，但這些麻煩還不至於讓我的日子過不下去。好煩！但我沒必要把這件事看得**那麼**糟。」

仔細分析信念體系中有什麼重要的改變，看清楚你做了什麼。充分了解那些讓你對討厭的促發經驗（A，亦即他們爽約，然後又否認與你有約定），產生新的健康負面結果（C）的新理性信念（RB）。

如果你試圖體驗健康的情緒，但憤怒依然沒變，那也不要放棄。繼續想像同樣的不愉快經驗或事件，並努力改變情緒，直到你把不健康的負面情緒，轉變為健康的負面情緒。你的感覺是由你產生及控制的，你**能夠**改變那些感受。

一旦你成功地改變情緒（從憤怒轉為失望或煩躁），一旦你確切明白是哪些信念（B）的改變使你轉化情緒，

就持續重複這個過程。先使自己感到生氣;然後改變情緒,變成感到失望或煩躁,而不是憤怒;接著再回顧你確切做了什麼,才造成那些改變。如此一遍又一遍地反覆練習,直到熟練這個過程,做起來越來越容易。

如果你連續幾週每天練習REI幾分鐘,你通常可以練到這樣:每當你想到自己通常會生氣的事件,或者每當這種事件實際發生時,你很容易就會自動產生健康的負面情緒(失望或煩躁),而不是不健康的憤怒情緒。

如果你很難每天練習REI,可以用獎勵自己的方式,來激勵自己練習。只要那天練習了REI,你就可以做自己特別喜歡的事情。在沒練習REI的日子,就不讓自己做喜歡的事情,或懲罰自己去做不喜歡的事情。

我們很少遇到練習REI卻無法減少憤怒的人。我們鼓勵了數百人使用這種方法,只要他們認真練習,大多能在面對各種不幸經驗時,明顯減少發怒的傾向。

刻意愉快的練習

你也可以利用REI來培養你對他人的愉悅感或好感,這可以轉移及克服你對他人的敵意情緒。阿姆斯特丹大學

的認知行為治療師拉姆齊（R. W. Ramsay）做過這方面的實驗，他使用的技巧稱為「情緒訓練」（emotional training）。你可以改編情緒訓練法，把它應用在憤怒上，如下所示：

想一想你和現在那個惹你生氣的人，曾有過的一段愉快經歷。當你回想那次愉快的經歷，而且真的喚起你對那個人的強烈好感時，持續這個過程。回想愉快的經歷及美好的感覺，努力讓這些感覺壓過憤怒的情緒。

REI與愉悅情緒的自我訓練所依循的原則，與最初使你產生非理性信念、產生敵意的自我陳述一樣。如果你放任這些想法發展下去，你不僅會對他人產生憤怒與怨恨的情緒，還會不斷演練這些情緒，直到這些情緒「很自然」或很容易持續出現。你可能沒意識到這點，但你產生不健康的負面情緒時，就是在持續做這種練習。同理，你可以刻意練習產生健康的負面情緒，就像在REI中做的那樣。或者，你可以刻意練習產生正面或愉悅的情緒，就像拉姆齊的情緒訓練技巧一樣。你確實可以選擇你的感受，只要你積極使用這些方法，它們可以幫你體驗不生氣的感覺。

想消除羞恥與憤怒，你可以穿上怪衣服、當眾唱歌⋯⋯

REBT運用著名的**克服羞愧感**（shame-attacking）與**冒險**（risk-taking）訓練，來幫你克服自我憎恨的感覺，但你也可以用這兩種訓練來減少憤怒。我（艾里斯）之所以發明這些練習，是因為我發現多數人是因羞恥而感到心煩意亂：為做錯事感到愧疚；為別人看到他做錯事而產生反感，感到很丟臉。我們使用REBT，試著讓案主去做自認有風險、丟臉、尷尬或可恥的事情，比如告訴陌生人自己剛從精神病院出來，在大庭廣眾下大喊現在的時間，穿上古怪的衣服等。然後，他們會發現，這些本來自認很丟臉的行為，並沒有讓他們難堪或恨死自己，除非他們自己**決定**要有那些感受。他們也會發現，別人不會因為那些行為而鄙視他們。那些人很快就忘了他們的行為，很少人會過於在意他們。如果你因各種無傷大雅的行為（例如當眾唱歌）而感到非常丟臉或尷尬，你可以試著多做幾次那種事，直到你發現你不僅敢做，還變得不那麼容易尷尬，甚至逐漸樂在其中！

有時，人會以憤怒來掩飾羞恥感與尷尬。你可以用上

述的克服羞愧感方法，來消除羞恥與生氣的感覺。比如，假設某家高檔餐廳的服務生給你很糟的服務，你羞於抱怨，擔心他以輕蔑的態度對你，或大聲說一些汙衊你的話。你可以逼自己平靜地告訴服務生，他的服務不好。你甚至可以請他做你平常不會提出的要求，像是你覺得湯涼了，請他換上熱湯。這樣做以後，你會發現沒什麼好羞恥的。然而，你這樣做時，也要記得，服務生犯錯難免，一旦你表達了對其行為的不滿，就不必為此譴責他了。

同樣的，如果你很容易對那些看起來對你不友善的人懷有敵意，你也可以厚著臉皮去面對他們，例如，故意插入他們與別人的對話，或堅稱你之前見過他（其實你沒有）。以這種方式克服羞愧感，你可能會發現，別人的「不友善」是你自己想像出來的，你這樣想像只是為了避免遇到他們時，感到羞恥。

「強迫自己」的自信訓練

這種冒險與克服羞愧感的練習，是鍛鍊自信的行動。所以接下來我們來談常規的自信訓練，REBT 從一開始就使用這種訓練，這是防止或緩和憤怒情緒的有效方法。正

如憤怒往往源於羞恥感一樣，它也常出於根深柢固的缺乏自信。比方說，你想拒絕朋友的要求，因為你不想做那件事，但又不好意思直說。你可能擔心，你不同意的話，朋友會很介意。於是，你壓抑自己的感覺，順了朋友的意。但由於你缺乏自信，你很容易因自身軟弱而恨自己，也恨自己因受朋友的「擺布」而發怒。

如果你對缺乏自信感到生氣，你可以訓練自己更有自信地行動以消除憤怒。如此一來，一旦你能堅定地拒絕別人對你的要求，就不會再軟弱地附和，也沒有理由責備自己，更不必去譴責別人強迫你做不想做的事情。

自信訓練雖然屬於對抗憤怒的行為方法（我們將在下一章討論），但它也是一種情緒技巧。如果你真的很想拒絕某人的要求，但因為擔心得罪對方而勉強同意了，你可以練習強迫自己拒絕別人，直到你堅持立場時自然而然就感覺良好。

強迫自己做平時不會做的事情，構成了這裡的主要情緒元素。誠如我們一直強調的，「情緒」思維與「情緒」行動是很強大、帶有偏見的行為。當你情緒強烈時，你很希望事情朝某個方向發展，而且非常想得到自己想要的，或迴避不想要的。情緒上，你會**強烈地**接近或遠離不同的

人事物。同樣的，強迫自己改變行為（尤其是你很難這樣做的時候），是一種情緒上很戲劇性的自我改變形式。而自信訓練往往需要這種情緒投入。

角色扮演，能讓你明白一件很重要的事

在REBT中，我們一直使用一些角色扮演與行為演練技巧。而這些技巧最初是由莫雷諾（J. L. Moreno）開發的，後來又經過弗里茲・波爾斯（Fritz Perls）與一些完形治療師（Gestalt therapist）的改編。莫雷諾、波爾斯等人主要是運用這些技巧來宣洩（重溫過去的情緒經驗），而我們主要是把這些技巧用於行為面。

例如，你想堅定但平和地與某人對質，但你不敢。治療團隊的主治療師可能會讓你試著表達，你對這種情況的感受。接著，你們開始角色扮演，你扮演自己，治療團隊的另一成員扮演你想對質的人。於是，你們當面對質，治療團隊的其他成員可能會評論你的表現，說你說話是否：一、太猶豫不決；二、太誠實；三、有明顯的敵意，而不是自信；或四、非常恰當。如果你表現得很好，他們可能要求你重複練習幾次，以精進及習慣這樣做。要是你表現

得不好，他們可能會要求你嘗試幾種不同的方式，直到你不僅表達出感受，而且是採用一種最有可能為你帶來想要結果的方式。

你獨自一人時，也可以在腦中、鏡子前，或使用錄音機，做這種角色扮演或情緒表演。或者，你可以在一個朋友或一群朋友的幫助下做到這樣。這不見得需要治療師或治療小組，只不過有治療師在場的話會很有幫助，就像你在老師與一群演員面前練習演戲，你也會覺得很有幫助。

你使用REBT類型的角色扮演（無論是自己練習，或與他人練習），不僅是為了表達自我及感受或發洩情緒，也是為了明白，你的憤怒是自己造成的，你其實有更好的選擇。許多心理療法認為，如果你對某人或某事感到憤怒，你必須先發洩這種憤怒，才能理智地處理這種情況。於是，你可能會對著某人尖叫或大喊大叫，或捶打枕頭（把枕頭當成你想打的人），或以其他方式「發洩」怒氣。

但第二章提過，許多臨床與實驗證據顯示，用上述方式發洩怒氣，反而會越來越氣。REBT為這個現象提供了很好的解釋。例如，如果你故意辱罵某個對不起你的人，或捶打代表那個人的枕頭，你很可能會告訴自己：「他真

的對我很不公平，我恨他。他**不該**那樣對我，我真的很希望他也受到這種不公平的對待，而且不公平的程度是我承受的兩倍！」

你以這種方式表達情緒時，會肯定你對那個人的非理性信念。比方說，「她的行為百分百是錯的」、「她根本沒有權利犯這樣的錯誤」、「她那樣做，實在太惡劣了」、「她應該受到懲罰」。也許在你以這種激烈的方式宣洩怒氣後，你會回顧實際發生的事情，並多多少少原諒那個人的「糟糕」行為。然而，更有可能的是，你表達出來的敵意只會讓你覺得對方的行為更「糟糕」，使你現在與未來都對那個人更加憤怒。

有些人以行動或口頭表達了對他人（或對世界）的敵意後，發現自己一直在小題大做，於是就冷靜下來，只對別人對待他們的方式感到失望與遺憾。然而，多數人在發洩敵意後，覺得那似乎證實了他們的非理性觀點（別人**絕對不該**對他們那麼壞，而且行為糟糕就表示整個人都很糟糕）。諷刺的是，這些人越是釋放、宣洩或發洩（再次感受或重演過去的憤怒經歷），反而變得越憤怒，而且他們越有可能對未來的不公平對待感到憤怒。因此，儘管在REBT中，我們偶爾會讓案主表達壓抑的憤怒情緒（比方

說，在團體治療或馬拉松式治療中，強迫他們去責備某人），或協助他們表達對他人行為的煩惱或不滿，但誠如前述，我們幾乎都會努力幫他們了解，憤怒情緒是他們自己造成的，其實他們有更好的選擇。

重點不是不該有強烈的情緒，而是……

REBT強調，你認為別人對你不公平，而你真的發怒時，最好承認你很生氣，也坦承你傻傻地製造出這些情緒，同時放棄那些讓你生氣的「必須狂」思維。如此一來，你可能會感到失望與遺憾，而不是憤怒。你可以選擇表達這些健康的負面情緒，而不是決定發洩不健康的敵意情緒。

話說回來，REBT絕對不是反對你有強烈的情緒，包括負面情緒。相反的，它鼓勵你充分承認、了解並停止否認這種情緒。它教你區別健康的情緒（如煩惱、不滿）與不健康的情緒（如憤怒），也引導你如何保留前者、改變後者。它也讓你選擇，是否要對他人表達情緒，以及如何表達情緒。不管你感覺到什麼，最好承認你的感受。但承認不見得就是贊同，也不代表要表達出來。有些真實感受

完全可以得到認可，也最好表達出來，但不是所有的真實
感受都適合這樣做！

Chapter
10

讓自己不生氣的行為方法

情緒困擾就像愉悅感一樣，經常重複會習慣成自然。如果你常心煩意亂，過一陣子，你很自然就會有那種感覺。

　　憤怒也是如此。你童年時常「覺得」別人對你「不公平」，於是你對自己說：「他們不該對我那麼不公平！」你因此感到很生氣，並強烈譴責別人。

　　經過一段時間，你一再「想起」這種非理性信念，你很容易就自然而然地相信，你**絕對必須**得到「公平」的對待，你把它當成基本哲學觀／想法的一部分。當你開始覺得「他們對我不公平」時，如果接著是產生理性的信念「我希望他們不要這樣做」，你會感受到健康的負面情緒（遺憾或失望）；要是接著是產生非理性的信念「他們不該對我那麼不公平」，你通常會很生氣。

　　REBT顯示，當你**習慣**了憤怒的感覺與行為，你也會**習慣**非理性思考。所以，如果你想改變行為習慣，最好也改變思維習慣。這兩者是相輔相成的。

　　但REBT也告訴你，就像思維會影響情緒與行為一樣，情緒與行為也會對思維產生很大的影響。為什麼？因為人類先天就是如此：人類是按照思維行事，也是根據行為思考。

例如，假設你學習打網球，一直學不好，因為你覺得自己不如人，又責怪自己毫無進步。儘管你有這種負面態度，你還是可以強迫自己每天練習，不管你打得多差。雖然那些自我打擊的想法及自卑感可能有礙你的學習，使你無法把網球打好，但還不至於讓你完全學不會。

儘管你覺得自己打很差，很想放棄，你還是可以堅持練下去。當你這樣做時，終究會進步，可能最後會打得很好。這時你**明白**，你**可以**打得很好。你產生一種信念與感覺，心理學家亞伯特・班度拉（Albert Bandura）稱之為「自我效能」（self-efficacy）。

儘管你對網球抱持負面態度，藉由強迫自己持續練習網球，你其實可以影響這些負面態度，克服你對這項運動的失望。如果你也努力找出非理性信念（「你**必須**打好網球，否則就是不如人」）並加以駁斥，效果可能更好。不過，就像信念會影響行為一樣，行為也會影響信念。所以，你可以選擇同時改變信念與行為，或改變其一以促使另一個改變。

REBT鼓勵你這兩種選擇都做。REBT不僅運用思維方法與情緒方法（如前兩章所述），也鼓勵你採用積極、指導式的行為方法。所以，REBT在推廣勤做家庭作業方

面開創了先河，並獲得一定的名氣。也就是說，我們持續給常來治療的客戶出家庭作業，以幫他們克服情緒問題。我們也可以教你給自己出家庭作業。

給自己出家庭作業，可以幫助你理性處理問題

沿用前面的例子，假設瓊恩與傑克爽約，你很生氣，向REBT治療師求助。你的第一份家庭作業可能是，你持續解決憤怒問題時，仍與瓊恩及傑克保持聯繫。如果你因為氣他們而斷絕來往，那是一種逃避。

你的第一個目標或許是阻止傑克與瓊恩持續對你不公平──只要你和他們斷絕關係，這很容易做到。但你也想產生健康的情緒結果（對他們的行為感到失望或心煩），而不是不健康的情緒結果（對**他們**感到憤怒）。所以，如果你直接與他們（或「使」你生氣的其他人）斷絕往來，那完全無助於改進你**自己**的行為與感覺，**你還是在激怒自己**！

前面提過，迴避對你「不公平」的人或情況，無法改變讓你產生怒氣的哲學觀／想法。你依然抱著那個想法，

每次其他的負面促發經驗（A）發生時，你會繼續使用它來激怒自己。然而，如果你給自己出底下的家庭作業：「持續與對你不公平的人保持某種聯繫」，而且如果你**仍然**不會為他們的行為感到生氣，你就可以繼續努力，明顯改變那些讓你發怒的非理性信念。

你的家庭作業包括兩部分。一個是你的活動（與傑克和瓊恩保持聯繫），另一個是你的想法（與他們保持聯繫的同時，改變對他們的看法）。REBT 喜歡兼具行為面與思維面的家庭作業，因為使用這種雙管齊下的方法，可以同時解決情緒與行為問題，並透過想法與行動來學習如何減少憤怒。

很多情況下，焦慮會伴隨著憤怒出現。你之所以發怒，是因為質問別人的糟糕行徑、或不公平的行為，令你感到焦慮，你藉由憤怒來掩飾伴隨焦慮而生的無助感。因此，你是利用憤怒來製造一種假象，讓你以為你真的在處理那個不公不義的情況。

而勤做家庭作業能幫你以多種方式解決憤怒、焦慮、憂鬱等相關困境。前面提過，一種家庭作業是，讓自己持續處於不愉快的狀態，努力克服心煩意亂的情緒。例如，如果當面質問傑克與瓊恩的爽約令你感到焦慮，你可以強

迫自己去質問他們比較沒那麼嚴重的問題。比方說,他們說好了跟你見面或打電話給你卻沒做到,或他們對你太挑剔了。由於你已經開始討論不愉快的話題,進一步提到他們租屋爽約的事情就比較容易,不會那麼焦慮了。

如果你對自己生氣感到自責,你也可以試著處理自責的情緒。你可以強迫自己明白,生氣是人之常情,你有生氣的權利。如果你私下很氣傑克與瓊恩,你可以一方面承認自己生氣很傻,另一方面仍接納自己是凡人。在這種心態下,你更容易質疑自己的非理性信念,因為你讓自己明白,你有這些想法,但不會因此覺得自己很愚蠢。

這些行為作業可以幫你面對心煩意亂的經驗,理性地處理問題。你因此明白,即使遇到挫折,你還是可以快樂地過日子。完成這項作業所學到的紀律,往往會提升你的挫折容忍力。這對你有幫助,因為憤怒、焦慮、憂鬱等情緒困擾往往源自於挫折容忍力低下(LFT)。你可能對質問他人感到焦慮,因為你不想忍受質問他人的不適感。

好的家庭作業可以幫你處理及忍受不愉快的狀況,直到你能有效地改變那些狀況。它們也幫你先承受當前的痛苦,以換取未來的收穫。比如,有人對你不公平時,你會迅速質問對方的做法,以促使他對你更公平。你做這種家

庭作業越多，挫折容忍力就越高，這可以盡量降低你發怒與陷入憂鬱的傾向。

用獎勵與懲罰，贏得自己的合作

此外，REBT也利用了史金納（B. F. Skinner）的強化理論（reinforcement）或操作制約理論（operant conditioning）。這種自我管理技巧是以獎懲原則為基礎。你做了想要的行為時，就獎勵自己（如美食、肯定自己或其他娛樂），不做時就懲罰自己。

使用獎懲方式來強化自己，與你因自己的不當行為而咒罵、譴責自己是不同的。兩者恰恰相反！你因表現不好而懲罰自己，是為了**幫**自己改進。但你因自己做「壞」事而咒罵自己，恐怕會促使你做更多的壞事。

史金納的研究常遭到不少批評，因為行為治療師可以利用強化原則，讓人去做他不想做的事情，藉此操縱他人。當權者可能濫用這項技術，尤其是在學校、醫院、監獄等受控的環境中。然而，在REBT中，操作制約主要包含後果管理法（contingency management）或自我控制法（self-control procedures）。當客戶想改變自我挫敗的行

為，尤其是以他們平常認為很難的方式來訓練自己時，他們會同意做某些作業。而且，只有在他們順利完成作業下，才進行愉悅的強化訓練。他們也同意，若是無法完成作業，願意接受某些懲罰。

自我管理原則也適用於那些與自己做約定的個人。數百年來，許多作家與藝術家要求自己每天至少花一定的時間創作，而且必須達到那要求才准自己吃飯、閱讀或與朋友聊天。許多人為了督促自己減肥、運動或做其他不想做的事情，與自己做了約定。只要沒做到約定的事情，就給自己嚴厲的懲罰。

至於後果管理法套用在REBT的例子，是假設你很難每天花時間質疑你的非理性信念以及做其他的家庭作業。你可以跟自己約定，甚至把約定的內容清楚寫下來。然後，只要完成練習，就給自己獎勵（或強化），像是去做特別喜歡的活動。只要你每天按規定做作業，就可以獎勵自己。但如果你沒有達到約定的要求，就要懲罰自己（做你很討厭的事情）。

有時你可能需要別人協助你執行約定。比方說，好友或夥伴往往很樂於監督你是否照約定懲罰或獎勵自己。這種性質的安排有助於確保獎懲的落實，這是後果管理法的

一個關鍵。

由於每個人的好惡各不相同，我們不會建議具體的獎懲措施。一般來說，獎勵最好是實用可行的。因此，如果你給自己的獎勵是：每次完成作業就與伴侶做愛。但伴侶說不定覺得這對他來說不是什麼獎勵。你自己也可能久而久之就厭倦了。

同理，懲罰的設計也要合理。過於嚴厲或難以執行的懲罰沒什麼效果。你可以懲罰自己不准閱讀或看電視，或增加生活的負擔（例如吃你不喜歡的食物）。

如果你願意，可以制定一套特殊的獎懲制度。例如，如果你一週的每一天都完成作業，可以在週末給自己一個大獎勵（像是去特別的餐廳用餐）。萬一沒完成作業，就好好地懲罰自己（比如整個星期的每一天，都必須提早一個小時起床）。

這裡再次重申懲罰與自我譴責的區別。做動物實驗時，你可能懲罰在迷宮中走錯方向的動物，以幫牠們找到正確的方向。但你不會因牠們沒做出正確的反應，就對牠們大吼大叫，或虐待牠們。

只要你堅持「我**想要**擺脫憤怒」的想法，很自然就會產生以下的念頭：「既然擺脫憤怒那麼難，我**想**找一種可

幫我減少憤怒的懲罰措施。」如此一來，你接受懲罰的意願，就會超過逃避困難任務（嚴格要求自己以改變憤怒情緒）的渴望。為了讓自己承受嚴格自我要求的痛苦，你會心甘情願地對自己設下懲罰措施。

然而，當你不是懲罰自己，而是譴責自己時，你其實是在告訴自己：「我**必須**擺脫憤怒，強迫自己做作業！如果我不做**該**做的事，不僅要懲罰自己，還要譴責自己不遵守約定。」你的自我約定包含了破壞性的「**必須**」思維，以及那個「**必須**」思維帶來的自我譴責後果。請把想法從「**必須**」改成「**最好**」，別再自責了！

冒險、勇敢質問……用自信作業，大大消除怒氣

前面提過，REBT也運用許多自信訓練，來幫大家更有自信地行動，而不是展現攻擊性。你自信提出主張時，你只是在尋求你想要的東西、避開不想要的東西。然而，如果你展現攻擊性，你在行為與感受中也添加了憤怒。這是因為你抱著非理性的信念：覺得別人**沒有權利**阻止你得到想要的東西。所以，那些阻止你的人，在你眼中都很**惡**

劣。REBT會教你如何區分自信與攻擊性,如何堅定地為你想要的東西而奮鬥,而不是去憎恨別人、與人為敵、拒絕妥協、要求別人絕對必須提供你想要的一切。許多研究顯示,學習展現自信可以顯著減少憤怒。

REBT是從思維上為你變得有自信、而不是攻擊性奠定基礎。一旦你了解REBT的原則——不是別人使你生氣,你的怒火主要是自己製造的,就可以開始做自信訓練,那將幫你消除許多憤怒。

另一方面,自信地堅守立場,包括做你想做的事情,迴避你不想做的事,是帶有風險的。畢竟,別人可能因你的自信而對你產生反感,所以你在堅持自己的主張以前,最好考慮一下可能受到的懲罰,尤其是當著主管、老闆、有權者的面這樣做的時候。考慮過後,你可能會認為這樣做的風險太大,而決定不堅持立場。而刻意克制自己(不堅持),有時也是一種很理性的行為!

然而,當你習慣被動時,往往會覺得一般的冒險行為風險**太大**,因為你怕失去別人的認可。但是,為了得到你想要的,你可能不得不冒著失去他人認同的風險。所以首先,注意你想避免的情況並加以質疑,然後練習採取更有自信的行動。

我們鼓勵你在REBT中做的常見自信作業如下：

去做一些冒險的事情。想幾件你想做、但因極度害怕而一直逃避沒做的事情。例如，把餐廳做得不好吃的菜退回；穿一件很浮誇的衣服；搭公車地鐵時吃三明治；在眾目睽睽下，舉手問一個大家可能覺得很蠢的問題；平靜地告訴某人你不喜歡他的行為等等。

冒著被拒絕的風險，向他人提出要求。想某個你真正想要的東西，但你覺得開口要求，會遭到冷淡或憤怒的回絕，例如性愛、特殊的食物、背部按摩，或去看電影。冒險去向同事或朋友提出那個要求。即使遭到拒絕，你仍試著說服對方同意。如果還是不行，過一段時間以後再試一次。

冒險拒絕他人。想幾件你不想做、但為了取悅別人而常做的事情，然後冒險拒絕對方。像是，出去用餐、以某種方式做愛、聊天聊很久。你有時可以斷然回絕，讓拒絕對方的風險變得更大。或者，更好的做法是，溫和但堅定地拒絕，即使對方一直說服你答應他的要求，你仍持續拒絕。

做荒唐或「丟臉」的事情。上一章提過，你可以做克服羞愧感練習。想想你覺得在大庭廣眾下做什麼事情很

傻，然後刻意做這件「丟臉」或「尷尬」的事情。比方說，在大街上引吭高歌；像遛狗那樣「遛香蕉」，並在香蕉上綁絲帶；戴上插了一根黃色大羽毛的髮圈；攔住瘦小的老太太，問她能不能扶你過馬路。

刻意讓人知道你搞砸了某個重要任務。讓自己搞砸一個重要任務，並讓很多人都知道這件事。比如，打棒球時，故意漏接幾乎落入你手中的飛球；公開演講時，刻意結巴一會兒。

冷靜地堅持自己的主張。一些自信訓練的支持者主張「對抗他人、堅持自己」（fight-'em-and-assert-yourself）的方式，孰不知冷靜沉著更容易讓你得到想要的東西。如果你對某人感到生氣，但你明白怒氣是自己造成的，不是那個人造成的，你就可以消滅憤怒，靜下心來（而不是怒氣沖沖地）表達反對意見。

誠如洛伊絲・伯德（Lois Bird）建議大家如何與伴侶融洽相處時所說的：「我根本不在乎你的直覺感受，你不需要講得天花亂墜。你可以抑制那些強烈的情緒，冷靜地與你的伴侶交談。」聽從伯德的建議，以冷靜的方式提出主張，通常會比直接怪罪伴侶更有效。

勇敢地質問。前面提過，敵意與暴力往往是源自於缺

乏勇氣。你不敢追求想要的東西，或不敢去質問別人的錯誤。之後，你因自己的軟弱而憎恨自己，也對那些讓你如此軟弱的人感到憤怒。

你可以勇敢地質問你不認同的人。這樣做通常會發生衝突，但至少你把事情攤開來講，問題遲早會解決。因此，如果你能勇敢地質問你不認同的人，而且避免自己生氣及反應激烈，你的質問可以讓對方知道，你幾乎毫無畏懼，能夠理智地處理問題，值得他斟酌或妥協。

如何做這種直接的質問呢？你需要說服自己相信，你可以忍受反對與無禮，即使別人不喜歡你，你永遠不需要討厭自己。接著，你就可以輕易強迫自己（沒錯，強迫自己！）去質問對方。不管這樣做最初有多痛苦，切記，逃避的痛苦通常更嚴重，而且持續得更久！

角色扮演。羅伯特・亞爾貝提（Robert Alberti）與麥可・埃蒙斯（Michael Emmons）詳細說明了治療師如何透過角色扮演自信的行為、而不是攻擊性的行為，來幫助客戶，尤其是來做婚姻諮詢的客戶。當然，你也可以在沒有治療師之下，進行角色扮演。比方說，請朋友來扮演你的伴侶或老闆，與你做一次模擬爭吵。設定特定的爭吵場景，並與觀看者一起決定你和你的對手做什麼。角色扮演

完後，請觀看者講評。之後再重新扮演一次，聽取觀看者更多的意見回饋與指導。重複進行角色扮演數次。你也可以錄下角色扮演，然後重複聽幾遍。

事先準備。喬治‧巴赫（George Bach）與赫伯‧高德柏（Herb Goldberg）指出，自信地提出主張往往需要事先做好準備，以因應擺爛者或拖延者。如果朋友跟你約好碰面卻爽約，或總是遲到，你可以設下具體的規則，例如「如果你十點半還沒到，我也沒接到你的電話，我就自己去看電影了。」設定規則時，不要隨便定，而且要確實執行。

清楚區分自信與攻擊性行為。亞爾貝提與埃蒙斯以阿諾‧拉查若斯（Arnold Lazarus）與我（艾里斯）先前做的一些研究為基礎，明確地區分了自信與攻擊性行為。誠如拉查若斯與艾倫‧法伊（Allen Fay）所寫的：「自信行為涉及表明立場，抵制不合理的要求，或要求你想要的。攻擊性行為則牽涉到貶抑他人。自信行為是正面的，攻擊性行為是負面的。」優柔寡斷、自信、攻擊性行為的主要區別如下：

- **優柔寡斷的行為**：你想要某個東西，但沒有誠實地

表達出來，或沒有用心去獲得它。你是採取間接、消極、不太坦白的方式。你往往不對自己承認，你真正想要什麼及不想要什麼。你毫無必要地壓抑自己，甚至否定自己的一些基本欲望。你很容易感到焦慮、受傷、憤怒。

- **自信行為**：你能坦白承認自己想要某個東西，而且通常會努力得到它。你對人開誠布公，雖然有時你不會對別人完全透露你想要什麼，但你會堅持不懈地爭取嚮往的事物。你為自己著想，追求自我提升。你尊重他人的價值觀與目標，但更重視自己的價值觀與目標。你的行為積極，充滿表現力。

- **攻擊性行為**：你對別人阻撓你的目標感到憤怒，常試圖報復他們，而不是去追求你想要的東西。你堅信他們不該、不可以阻撓你。你在情感上是誠實的，但不太恰當，那常阻礙你從別人那裡得到真正想要的東西，或干擾你與別人的往來。你表現積極，但以犧牲他人為代價。你充分地表達自己，可是經常做得太過火。你常常覺得自己很正直，高人一等，容易譴責別人，但你也可能為自己的敵意感到內疚。

如果你能清楚區分這三種行為，而不是直接認為你只能在優柔寡斷與攻擊性行為之間做選擇，你就可以訓練自己採取真正自信的行動，並對自己與他人負責，就像亞瑟‧蘭奇（Arthur Lange）、派翠西亞‧雅庫鮑斯基（Patricia Jakubowski）及其他REBT治療師提倡的那樣。

自信地行事。誠如蘭奇、雅庫鮑斯基、珍娜‧沃夫（Janet L. Wolfe）的概述，自信行事的要素包括：

- 表達你不想做某事時，堅決地說不。不要含糊其辭，也不要把決定權留給對方。不要為自己辯解或道歉。
- 以清晰、堅定的語氣表達。避免抱怨、嚴厲與責怪的話語。
- 盡量迅速簡潔地回覆，不要長時間停頓或打岔。
- 想辦法讓別人公平公正地對待你。當對方做不到時，就指出來，但不要堅持或命令對方這麼做！
- 別人要求你做某事，你覺得不合理時，請對方提出解釋，並認真傾聽。你也可以看情況，建議你比較願意採行的替代行動或解決方案。
- 坦白說出你的感受，不要閃爍其詞、攻擊他人或為

自己辯護。

- 表達不滿或惱怒時，試著明確告訴對方你不喜歡什麼。不要攻擊對方、罵人或暗示他應該受到某種譴責。

- 了解「我訊息」（I-Message，按：在人際交流中，「我訊息」是關於說話者本人的情感、信念、價值觀的主張，通常是以「我」開頭的句子。相對的，以「你」開頭的「你訊息」則是把焦點放在說話者交談的對象）比「你訊息」（You-Message）更實用，但也要注意，「我訊息」並非萬能。有些自信訓練的支持者主張，採用「我訊息」並運用憤怒，來學習培養堅定、自信的狀態。但拉查若斯、大衛・休斯（David D. Hewes）等治療師指出，「我訊息」也可能包含不健康的憤怒，不過適當的「你訊息」卻不會。比方說，你對銷售人員的推銷方式很反彈時，可能憤怒地以「我訊息」說：「我想跟你買襯衫，但你這種推銷方式真的搞得我很火大。」另一方面，你也可能平靜地以「你訊息」說：「你今天看來好像很急躁，我比較喜歡你用比較沒有壓力的推銷方式。」因此，拉查若斯使用

「你訊息」時，會包含對對方的理解，甚至包含對另一方的正面強化。總結來說，最好使用「我訊息」，但不要高估「我訊息」的效用。

自信的程度。馬洛‧斯馬比（Marlowe H. Smaby）與阿馬斯‧塔米恩（Armas W. Tamminen）指出，自信有程度之分，不同的自信程度適用於不一樣的情況或不同對象身上。自信程度最小時，你只能堅持自己的立場，不讓別人控制你。例如，有人想插隊到你的前面，你只往後指，示意他最好排到後面。

自信程度高一個層次時，你肯定對方對問題的看法及他的感受，但你還是堅持自己的立場，不帶敵意。比方說，朋友希望你為他撒謊，你可以說：「我明白你對這件事的感受，也理解你為什麼希望我這樣做。我知道如果我不這樣做，你會很失望。但我實在很不想這樣做，做了可能會惹上麻煩，所以我希望你不要叫我做這件事。事實上，聽你這樣要求，我覺得有點不安。」

自信程度再高一層時，那是一種商討式的自信：你依然堅持自己的立場，但也特地去了解對方的觀點，並提出妥協的方案。比如，你可能對那個希望你幫他撒謊的朋友

說：「我明白你對這件事的感受，也理解你為什麼希望我這樣做。我知道如果我不這樣做，你會很失望。但我實在很不想這樣做，做了可能會惹上麻煩。你現在知道我的感受，以及我不願做的原因。但我想，我可以找到另一種方法來幫你。我會堅持說實話，但我會竭盡所能說服那個雇主給你一份工作，這樣他就能看到你有多能幹。我會建議他錄用你，即使你可能缺乏他想要的經驗。」

如果你練習這些不同程度的自信，並針對不同的場合好好地運用，你就可以隨心所欲地行事，而且依然維持良好的人際關係，甚至是非常友好的關係。

如果你練習REBT時，做這些自信訓練，你就不會覺得丟臉，也不會因為做了看似愚蠢的事而自責。你在REBT中的目標，不是為了冒險而冒險，所以不是要你刻意去承擔社會風險或挑戰傳統習俗，而是為了從冒險獲得效益。當你冒險而不太擔心別人怎麼看你時，你是在堅持自己的立場，同時說服自己相信不會發生什麼**可怕**的事情。此外，你也會了解到，即使你可能不是很喜歡別人不認同你，但你可以忍受。你覺得，你做了不討喜的**行為**時，任何人（包括你自己）都沒有理由譴責**你**或把**你**視為惡劣的人。

我們並不是說，某些不愉快的事情發生時，你會自動擺脫所有憤怒的感覺與行為，只會有健康的不快感，而不會憤怒。即使你總是表現得很有自信，你還是可能遭到不公平的對待；你還是很容易認為某些事情是錯的；遇到不公正的事情時，你也會抱怨與大叫。我們依然認為，你會因為行動消極、優柔寡斷而自己製造憤怒。不過，多做自信訓練，同時意識到你不需要別人的認可，你就比較不會使自己生氣。

找出「理性模範」，了解他們是怎麼做的

REBT強調教育，因此採用了許多教育方法，包括閱讀教材、視聽輔助教具、圖表、標語、**示範**。如果你來找我（塔弗瑞）治療，告訴我你因別人對你不公而發火的問題，我會親身示範REBT對抗憤怒的概念給你看。比如，你來治療遲到了，或沒聽進去我持續對你的指導，拒絕做家庭作業，或抗拒學習及改變，我會試著**讓你明白，我真的不喜歡你的行為，但我不會因為你展現這些行為，就生氣地責備你。**

這並不是說，面對那些行為，我一定會氣定神閒或無

動於衷。我很可能不會！我很認真地看待我身為治療師的工作，如果你沒有聽進去我的話，我還是會努力讓你明白那些想法對你並不利（非理性信念），然後教你如何根除它們。但我不會因為你沒有聽我的話，就生氣地責備你。

我不希望你對我產生情感上的依賴，也不希望你改變自己只是因為我想讓你改變。前面提過，你公開批評別人的過分行為時，往往會促使他們為自己的行為**辯解**，並堅持那個行為，以表示他們有權那樣做。但如果你讓對方自己好好思考，他們可能不會堅持做那些冒犯他人的行為。因此，他們說不定會改變言行舉止。同樣的，身為你的治療師，我會努力幫你為了自身利益而改變，而不是為了我的利益。為此，我會成為你學習的榜樣，為你提供對比，並透過我們的行為對照，讓你更了解你的不理性行為（憤怒）。

那如果沒有治療師做理性的示範，你如何獲得這種對比的效益？答案：你可以在生活中尋找好榜樣。遺憾的是，你認識的多數人幾乎都稱不上是好榜樣。實際上，他們也常為了不公平的事情而生氣，不管是芝麻小事，還是重要大事。不過，總有例外，例如某個特別的朋友或老師、某個偶爾聯繫的親戚或同事。他們下定決心克服生活

的不如意，並積極為此而努力。

你可以找這些人談談。

試著從這些人身上學習，看他們是如何在面對不公正時保持冷靜。觀察他們的實際作為。看你能不能模仿他們的感受與行為。你也可以在書籍與傳記內容中找到榜樣，因為文學中充滿了遭受重大挫折、甚至遭到迫害的人物，但他們並沒有讓自己過於憤怒或甚至憤而殺人。找出這些理性的模範，了解他們是怎麼做的。

你也可以做這些事，來控制憤怒

REBT也採用了其他的行為方法來控制憤怒，簡介如下。

暴露在敵意（憤怒）中。在團體治療、自助小組或日常生活中，暴露在敵意中可能也有幫助。這並不表示敵意**本身**會改變你，因為敵意通常只是壞榜樣。但如果你經常練習**因應**他人的敵意（尤其是在治療監督下），那可以幫你更有效地處理它，也可以讓你更仔細地觀察及了解憤怒的本質。前面提過，逃避糟糕的情況往往無法抒解怒氣。相反的，接觸生氣的人，同時讓自己**不要**心煩，可能效果

更好。

建設性的活動。安德魯‧瓦赫特爾（Andrew S. Wachtel）、瑪莎‧佩恩‧大衛斯（Martha Penn Davis）等許多研究者指出，憤怒及暴躁的人容易感到孤獨、無人聞問、缺乏人情味。如果這種人（包括你）投入有建設性的團體或理念可以感受到熱誠，就可以藉此轉移孤獨感、默默無聞感、憤怒的情緒。

早期制約。維克多‧丹南貝格（Victor Denenberg）與沙羅（M. J. Zarrow）對新生的小型鼠做了一系列有趣的實驗。一組新生的小型鼠是由大型鼠（rat）養育（實驗組），對照組是由小型鼠（mouse）養育。研究發現，「由大型鼠養大的小老鼠（實驗組）比對照組的體重更重，牠們在開闊的田野上較不活躍，比較喜歡接近大型鼠，而不是小型鼠。一個最誇張的發現是，由大型鼠養大的小老鼠放在標準的打鬥箱時，牠們**不會**打架。」相反的，對照組的小老鼠在打鬥箱裡經常打架。由此可見，後天「不自然」的養育，可以明顯改變小型鼠先天愛打架的「自然」傾向。

其他的實驗顯示，在貓狗附近養大的小老鼠，日後不會受到這些天敵的攻擊，但在一般環境中養大的小老鼠會

遭到貓狗的攻擊。丹南貝格與沙羅指出：「因此，我們必須淘汰『攻擊性是由基因決定的本能反應，無法被經驗改變』這種假設⋯⋯這並不是說基因因素不重要，顯然基因很重要。我們說的是，**想要更了解行為模式，必須同時考慮基因背景，以及這些基因生長發育的環境。**」

由此可見，一個人早期受到減少憤怒的制約，似乎可能減少先天的憤怒與暴躁行為傾向。當然，你已經無法改變童年了，但如果你有孩子，可以考慮為孩子營造更好的環境，幫他們減少敵意行為。

分散注意力的措施。前面提過，參與有建設性的活動可以轉移敵意。但有些建設性較少的行為，也可以產生類似的效果。諾曼・辛伯格（Norman Zinberg）以威廉・詹姆斯（William James）與佛洛伊德的理論為基礎，探索一個議題：某些競爭活動（像是體育賽事與選戰），是不是比看電影或一些私人活動，更能有效地轉移憤怒與暴躁情緒。第二章提過，REBT 的立場認為，**激烈的攻擊性活動（例如殘酷的商業競爭、職業拳擊賽），會增加、而不是減少人們在情感與行為上的敵意。**

我們會在下一章提到，放鬆技巧也有助於減少憤怒的感覺。現有的證據顯示，幾種愉快、有建設性，甚至中性

的消遣活動，可以打斷並至少暫時減少憤怒。所以，如果你想控制怒火，可以運用這些分散注意力的方法，幫你暫時消減憤怒，或讓自己有時間改變想法，這樣一來，以後遇到討厭的事情，就不會那麼生氣了。分散注意力的方法很多，你可以靠著轉念、幻想、遊戲、活動、情感投入、樂趣，以及其他需要聚精會神投入的事情。在這方面多嘗試，找出特別適合你的方法。然而，切記，除非你改變激怒自己的想法，否則那些讓你分散注意力的活動結束時，怒火可能又再次燃起。

因應與解決問題的程序。有意識地採取有效的因應程序，似乎有助於處理幾乎各種心煩意亂的情緒反應。事實上，一些研究顯示，學習有效的解決問題技巧可以顯著地減少憤怒。哈維·凱西諾夫（Howard Kassinove）編的書《憤怒失調》（*Anger Disorders: Definition, Diagnosis, and Treatment*）摘要說明了這些研究。

因此，你可以設計一套因應措施，在碰到討厭的情況或行為惡劣的人時拿出來使用。為此，你需要先列出碰到難搞的人物或情況時，你覺得可能發生的所有不幸事件，以及你可以用來因應那些問題的各種可能行動（無論是好是壞）。然後，分析每種行動的好壞結果，你的預測要盡

可能準確。最後，挑選最好的行動方案並確實執行，而且根據實際的執行結果，不斷地修改這個行動方案。

依循這個因應方案讓你知道，你可以妥善面對那些難搞的人物或狀況，如此一來，你就比較不容易為了他們而發火。這不是理想的解決辦法，因為你無法有效地因應各種麻煩的情況。但詳細的因應方案在很多情況下都有幫助。

認知重建作業。REBT的作業包含許多認知、情緒、行為方法。也就是說，如果你是在接受治療，治療以外的空檔需要做大量的練習；假如你是使用REBT自助技巧，你自己需要做大量的練習。認知重建就是找出激怒你及讓你持續生氣的非理性信念，並提出質疑，這是最實用的練習之一。

認知重建是源自REBT，是由梅欽鮑姆提出的。雷蒙・諾瓦科（Raymond Novaco）的開創性研究顯示，認知重建在幫大家減少憤怒方面，比放鬆方法更有效。科羅拉多州立大學的傑瑞・迪芬巴赫（Jerry Deffenbacher）與同事以及幾位研究者，在一系列的治療研究中發現，人們意識到導致憤怒的信念並積極改變那些信念後，可以明顯地減少憤怒。

在REBT的一般治療中，我們也看到同樣的情況。我們先讓客戶知道，他們的想法（他們抱怨自己受到不公平的對待與挫折，認為那些情況絕對不該發生）使他們產生憤怒。接著，我們教他們如何放鬆，如何運用REBT的憤怒控制方法，如何在日常生活中因應及減少憤怒。

你也可以自己運用REBT技巧做同樣的事情。首先，承認憤怒的感覺是你自己製造出來的，並了解這是如何產生的（通常是因為你堅持認為及要求某個東西存在，但它根本不存在。或是，因為你堅持認為及要求某個東西不該存在，但它無疑是存在的）。當你了解這點，並努力放棄你對他人及這個世界的要求時，你會發現自己更能夠運用本章列出的各種行為方法，來控制憤怒。

只要你願意練習，它可以深深改變你……

我們再次強調，儘管REBT針對人性、情緒困擾、有效的心理治療提出獨特的理論，雖然它使用了許多治療技巧，但它其實是一種整合療法（integrative therapy，按：指把不同療法的元素融合到一個連貫統一的框架中），而不是折衷療法（eclectic therapy，按：指從不同的治療流

派中選擇方法與技術，但不見得把它們結合到一個連貫的理論框架中）。在某些方面，它涵蓋了五十幾種認知、情緒、行為方法，其中有許多方法彼此迥異。但REBT之所以使用它們，是因為它們符合REBT有關情緒困擾與情緒變化的主要理論。

例如，REBT的行為方法不止消除症狀。如果REBT治療師說服你使用幾種行為技巧（例如活動作業、操作制約、自信訓練），來幫你減少憤怒，他這樣做不止是為了鼓勵你在治療過程中息怒。他的目標是確保你在結束治療後，了解你是如何激起自己的憤怒，如何在現在與未來都能減少憤怒，以及如何在以後可能面臨的困境中，盡量不要發怒。

REBT提供理論基礎與實務技巧讓你自行運用，藉由這套療法使你不僅**感覺**更好，也**變得**更好，不再那麼心煩意亂，**也**比較不容易受擾。只要你願意努力練習，它可以深深地改變你的思維與情緒，鼓勵你少用不利自己的方式思考、感覺、行動，讓未來的日子過得更快樂。

Chapter
11

火氣衝上來時，
如何迅速放鬆？

如第一章所述，憤怒是在生理上與心理上幫你做好面對危險的準備。雖然憤怒大多是你的思維創造出來的，但生理上的激動會刺激它，使怒火延續下去。因此，學會在生理上平靜下來是一種重要的工具，可用來消除與減少怒火。

而要減少緊張與生理上的激動，有很多技巧，包括：漸進式肌肉放鬆法（progressive muscle relaxation，PMR）、引導式心像法（guided imagery）、自我暗示訓練（autogenic training）、生理回饋，以及各種冥想。只要持續妥善地使用這些方法，身體就會出現正面變化，例如心跳減緩、血壓下降，肌肉放鬆。多做練習，就能學會在身體緊繃、怒火燃起之際，迅速放鬆身體。

本章說明幾種具體的放鬆技巧，這些技巧已證實對有憤怒問題的人有幫助。科羅拉多州立大學的心理學家迪芬巴赫與同仁做的研究結果，佐證了這些技巧的效用。他們證明了，放鬆技巧可以明顯減少憤怒。

每天給自己 25 分鐘，練習繃緊、放鬆……

漸進式肌肉放鬆法（PMR）是以特定的順序繃緊及

放鬆不同的肌群。繃緊肌群時，注意由此產生的不適感。約10秒鐘後，放鬆肌群，注意因此帶來的沉重、溫暖感覺。你會感受到緊繃與放鬆之間的鮮明對比。

學會辨識緊繃感與放鬆感之間的區別，你就會明白憤怒是如何慢慢累積的。你可以把緊繃感視為一種警訊，提醒你該想辦法冷靜下來，以免怒火開始狂燒。

在運用PMR以前，先注意幾點。第一，如果你本來就有肌肉問題，請先諮詢醫生。第二，練習繃緊肌肉時，注意你是感到不適，而不是疼痛。別太用力繃緊肌肉。如果你確實感覺到某些肌肉會痛，最好避免繃緊那個肌群，只專注於PMR的放鬆部分。

最初做PMR程序大約需要25分鐘。依次繃緊與放鬆一個肌群，從手臂肌肉開始，然後是腿部、腹部、胸部、肩部、頸部、臉部肌肉，直到整個身體感到平靜與放鬆。你可以依據下面的練習指南來做PMR。我們建議你把這份指南錄音下來，這樣就不必在練習時停下來看書。錄好後，就可以跟著錄音的指示練習。

做肌肉繃緊練習時，只繃緊一個特定的肌群，放鬆身體的其他部位。當然，重疊在所難免，但盡量注意每個單獨的肌群。練習的過程中，除了放鬆的想法以外，腦中也

會冒出其他想法，這很正常，但盡量悄悄地把注意力拉回肌肉的感覺上。此外，練習過程中也要保持清醒。雖然放鬆時就不知不覺地入睡很舒服，但那無法幫你學會放鬆技巧。

12 步驟，PMR 練習指南

錄製練習指南的錄音檔時，速度不要太快。為每個動作預留時間（如括弧內的數字所示）。錄好後，你就可以在舒適安靜的地方播放錄音檔。你可以坐在舒適的椅子上練習，也可以躺在床、沙發或地板上練習。

從這裡開始錄音。輕輕閉上雙眼，靜靜地坐幾秒鐘，把注意力集中在平穩的呼吸上（30秒）。

1. 雙手握拳，感覺到前臂、手掌、手指的緊繃。把注意力放在那種緊繃感上，默默地向自己描述那種不舒服的拉扯感。持續緊繃（10秒）。現在釋放緊繃感，讓手掌與手臂放鬆。專注於雙手溫暖而沉重的感覺，注意這種感覺與之前緊繃感的對比。把注意力放在放鬆的雙手上（20秒）。

2. 彎曲手臂，把雙肘緊緊地壓在身體兩側。雙肘往內

壓的同時，收縮手臂肌肉。感覺到手臂、肩膀、背部的緊繃。專注於持續緊繃（10秒）。現在鬆開手臂，讓手臂沉重地垂放在身體兩側。再次專注於手臂上沉重、溫暖、放鬆的感覺（20秒）。

3. 接著做小腿練習。雙腳腳尖向上勾，讓腳趾指向雙耳的方向。注意到雙腳、腳踝、小腿的緊繃感。持續緊繃（10秒）。現在釋放小腿的緊繃感。注意小腿放鬆後的舒適感（20秒）。

4. 接著把雙膝靠攏，把雙腿抬離床面或椅子，使大腿的緊繃感逐漸加強。注意感受大腿的緊繃感及臀部的拉伸感。默默向自己描述那種不舒服的感覺（10秒）。現在鬆開緊繃感，讓大腿沉重地落到床上或椅子上，專注釋放腿上所有的緊繃感（20秒）。

5. 下一步，吸氣，把腹部拉向脊椎。注意腹部的緊繃感（10秒）。現在放鬆腹部。專注於腹部的溫暖與放鬆感（20秒）。

6. 接著，深深吸一口氣，屏住呼吸（10秒）。注意到擴張的胸腔內的緊繃感。慢慢吐氣，感覺到緊繃感消失。把注意力放在平穩的正常呼吸上（20秒）。

7. 現在想像一下，肩膀上有繩子，把肩膀拉向耳朵的

方向。感覺到肩膀、上背部、頸部的緊繃。持續緊繃（10秒）。現在放鬆，放下肩膀，讓肩膀盡可能下垂。注意緊繃感與放鬆感之間的區別（20秒）。

8. 收起下巴，往下拉，盡量使下巴接觸到胸部。感受後頸的拉伸與緊繃感（10秒）。現在放鬆，釋放頸部的緊繃感。專注讓脖子肌肉放鬆（20秒）。

9. 咬緊牙齒，專注於下巴的緊繃感。感受拉緊的感覺（10秒）。然後放鬆，把嘴張開，放鬆臉部與下巴周圍的肌肉（20秒）。

10. 皺眉，把眉毛往中間擠，讓額頭產生緊繃感。專注於額頭的緊繃感（10秒）。釋放緊繃感，撫平額頭上的紋路，放鬆額頭（20秒）。

11. 這時你全身可能會有放鬆與沉重感。每次呼氣時，默默地對自己說「放鬆」，想像你正在呼出體內所有的緊繃感（做10次呼氣）。

12. 把注意力重新集中到雙腳上，感受溫暖、沉重的感覺（30秒）。讓這種溫暖、沉重的感覺傳遍雙腳，並蔓延到小腿。讓這種感覺在那裡停留與循環（30秒）。讓這種感覺蔓延到大腿，你會感覺到大腿變暖變重（30秒）。再讓這股溫暖從大腿蔓延到腹

部，並停留在那裡（30秒）。注意到它擴散到背部（30秒），然後又擴散到胸部（30秒）。專注讓上半身感到溫暖、沉重、放鬆（45秒）。接著，讓這種感覺蔓延到手臂（30秒），到達手掌（30秒）。持續專注於創造那種感覺。在手臂與手掌感到溫暖與沉重後，讓溫暖傳到肩膀（30秒）與頸部（30秒），最後讓這種感覺傳遍臉部與頭部（30秒）。

錄音停在這裡。做這個放鬆練習時，想想你的感受。試著把注意力集中在放鬆的感覺上。記住身體不同部位的放鬆感很重要。第一次練習後，即使感覺不是很放鬆，也不要氣餒。這可能需要多練習幾次，才會達到想要的效果。為了獲得最佳效果，在接下來的兩週裡，每天至少練習一次，之後再學習下一套技巧。

重複第12步驟，練習喚起放鬆的感覺

如果你過去兩週做了上述的練習，而且能夠獲得放鬆感，那麼你已經準備好做下一步練習了。同樣找一個舒服安靜的環境坐下來或躺下來。輕輕閉上雙眼，平緩地呼吸。呼氣時，默默告訴自己「放鬆」，想像你正在呼出體

內所有的緊繃與沮喪感。

在這個簡短的版本中，你會跳過繃緊與放鬆肌肉的步驟，只重複前面指南中的第12步驟。從雙腳開始，依序想著身體的每個部位，想像它們逐一變得溫暖、沉重、放鬆。回想之前練習時，身體每個部位放鬆時的感受，喚起那些感覺。例如，想到肩膀時，讓雙肩下垂，回想放鬆的感覺。再次花足夠的時間在身體的每個部位上，直到感覺到溫暖與放鬆，然後讓這些感覺蔓延到下一個部位，慢慢地傳遍全身。切記，練習時呼吸要緩慢，有規律。

經過反覆地練習，你就能夠喚起放鬆的感覺。接下來的兩週，每天做一次這種練習，然後再學習下一套技巧。

編寫讓你火大的場景，再次練習放鬆……

經過訓練，只要專注喚起放鬆的感覺，你就能夠放鬆身體的不同部位。為了充分獲得這些放鬆技巧的價值，你可以學習在困難的情況下放鬆自己。為此，你可以想像幾種場景作為練習的背景。

「想像」，是心理學家用來幫客戶練習不同技巧的方法。為了運用想像力，請先創造兩個通常會讓你生氣的場景，然後在腦中演練它們。在你想像這些場景把自己激怒

後，接著運用你剛學到的放鬆技巧來減少憤怒。為了創造出激怒你的場景，你可以把自己想成正在編寫一齣迷你電影的劇本。每個場景的篇幅約一頁，裡面描述你常發火的情況。你編寫這些場景時，要包含重要的細節，比方說景象、聲音、氣味、人們說的話、你的感受。第一幕可以寫惹你中度發火的真實生活經歷。第二幕可以寫讓你氣得要命的現實生活情況。

底下是廣告經理法蘭寫的第一幕：

這天我像平常一樣開車上班，我遲到約五分鐘，老闆瑪麗安把我叫到她的辦公室。她的辦公室很大，鋪著灰色地毯，牆面是白的，上面掛了幾幅帆船照。她穿著一貫的黑色套裝，表情嚴肅。一年前瑪麗安變成我的主管後，我們的關係一直不太融洽。她似乎老是找理由想要解散我的部門。我們的預算被削減了，我不得不裁掉幾個優秀的員工。我對這件事依然感到很生氣。此外，她抱怨我們的工作品質不佳，這樣講特別不公平，因為我們的資源遭到刪減。

總之，瑪麗安叫我坐在她那張大辦公桌的對面。她接著宣布，我的部門會逐步退出管理一個大客戶。我一聽，

馬上感到肩膀開始緊繃，胃部有點噁心的感覺。我很努力壓抑怒火，但我實在很想破口大罵。我心想，這太不公平了，她是故意整我。我也馬上想到，她與其他高層恐怕正打算縮編公司，最終我可能會遭到資遣。到時候我怎麼付帳單？我的孩子怎麼辦？我實在很想大叫，卻只能坐在那兒聆聽，默默地火冒三丈。

第二幕可能難度**很大**。雖然劇本盡量以現實生活的事件為基礎，但你可以隨意誇大到你能想像的最糟狀況。邁爾斯開車時很難控制怒氣，他想像的第二幕場景如下。

某晚下班回家的路上，天氣很熱，太陽剛下山，我可以感覺到襯衫黏貼在身上。我看到前方因修路而導致車流減速。我等著經過修路的路段時，眼角瞥見一個傢伙違規開上路肩，超前了其他車輛。我感覺到肌肉開始緊繃，心想：「這太不公平了！」突然間，這傢伙試圖把車子插到我前面。我不理他，繼續向前開。他按喇叭，開始對我大叫。我還是不理他，心想：「這傢伙簡直是混蛋！」突然間，他從車窗探出頭，朝我的車吐口水。接著，他叫我靠邊停車，說要揍我。我氣得渾身發抖，開始對他怒吼，想

停下來教訓他一頓。

　　寫下讓你發怒的場景後，你可以把它錄音下來，以後練習減少憤怒時，就可以拿出來重播。為了利用這些場景練習，首先找一個安靜的地方，做前兩週練習的放鬆程序。等你放鬆下來後，開始逐步想著第一幕的劇情。你可以用錄音檔來幫你想像。逐步想劇情時，想像你正經歷那個場景，不要只像看電影那樣，而是想像你在裡面演出。讓你的憤怒與緊繃感隨著劇情的展開逐漸累積。注意你憤怒時的身體訊號，比如心率加快、呼吸急促、身體不同部位的緊繃、思緒等等。

　　想完劇情後，你的身體已經產生了一些憤怒與緊繃，接著再次喚起放鬆的感覺。專注於每個肌群，讓溫暖、沉重的放鬆感蔓延到全身。

　　在緩解了緊繃，感覺比較放鬆後，再想像一次第一幕。像第一次練習那樣，讓憤怒隨著劇情的發展逐漸累積。想完劇情後，再次練習放鬆，直到你再度感到放鬆與平靜。每次做這種練習時，你需要在放鬆程序與憤怒場景之間交替進行約三次。每次練習內容如下：一、從放鬆開始，然後想像憤怒場景，再練習放鬆；二、再次想像憤怒

場景，然後放鬆；三、再次想像憤怒場景，然後放鬆。每次練習都是以放鬆開始，也以放鬆結束。

練習第一幕兩三天後，你會達到一種狀態：想起那場景時，很難感到憤怒。這時就可以開始練習第二幕了。練習程序與第一幕一樣。

使用這個方法有幾個好處。第一，你會加強因應困境的放鬆技巧。你學會在怒氣累積時，讓自己冷靜下來。第二，藉由一再面對想像的憤怒場景，最終你會習慣那些場景。久而久之，你對那些場景的生理反應會減弱。萬一現實生活中發生那些狀況，你比較不會反應過度。

當然，你可以隨意創造其他令你生氣的場景，來幫助你練習。每次想到新的困難情況，就建構一個場景，然後練習因應它的放鬆技巧。藉由這種方法，你可以學習在許多讓你生氣的情況下，放鬆身體。

用理性話語，幫你擺脫憤怒的想法

在憤怒場景的練習中，你可以使用的另一個工具，是演練理性的因應話語。這些話語是為了幫你擺脫憤怒的想法，讓你專注在更理性、有建設性的想法上。而這些話語

也可以從前面幾章的內容中取得。

例如，想完令你發怒的劇情後，馬上演練幾句理性回應，再做放鬆練習。以下是法蘭用來回應想像場景的幾個例句：

「受到這種對待很**不舒服**，但還**不算太糟**。我可以利用還在這裡上班的時間，開始找其他的工作。」

「生活中難免會遇到不公平的事情。我**可以忍受**，而不是為此發怒。」

「雖然她這樣對我，但她可能面臨上級的壓力，只是我不知情。這種情況下，如果我太在意這件事，對我沒什麼好處。」

邁爾斯想出以下的理性因應話語，以便在場景想像練習及實際開車時使用：

「我希望每個人開車時，**最好**都能為別人著想。但實際情況並非如此，路上常出現自私的駕駛。」

「我**可以忍受**別人的粗魯，沒必要生氣。事實上，我發火容易使這些討厭的情況變得更糟。」

「開車時，別人突然插到我前面**不是多糟糕**的事情，我可以**因應**。」

「雖然有些人開車時恣意妄為，但他們在其他方面可

能是好人，只是急著趕到某個地方。」

想出理性的因應話語後，當你想像憤怒的場景時，先演練這些話，再開始放鬆身體。

這些技巧在怒火燃起時用，效果最好！

如果你已經練習了本章的減少憤怒技巧，現在你可以開始把這些技巧應用在現實生活中。首先，以身體緊繃感作為警訊，那表示你可以開始運用新技巧了。別等到怒火中燒才使用。一旦你讓憤怒升到很高的程度，那些技巧就很難發揮作用了。在憤怒剛出現時就使用這些技巧，效果最好。

你發現自己開始生氣時，就想想你為困難的情況所設計的理性因應話語。你可以把它們寫在卡片上，背起來，或錄音起來播放。碰到麻煩的情況時，就可以馬上派上用場。

接著，你可以換成平緩的呼吸。呼氣時，默默對自己說「放鬆」。每次呼氣，都想像你把體內的緊繃感呼出。接著，把注意力放在身體的某個部位上，回想放鬆的溫暖、沉重感。呼吸時，努力喚起這種放鬆的感覺，讓它蔓

延到全身。

　　就像本書提到的多數技巧一樣，只要你能在現實生活中不斷地練習它們，久而久之會習慣成自然。當然，運用這些技巧時，難免成效不彰。遇到這種情況時，也不要灰心，而是回去多練習。你可以創作新的憤怒場景，來幫你練習處理可能出現的困難情況。每當你感到緊繃與非常沮喪時，就運用這些技巧。

Chapter
12

用這些思維方法，
轉化有害的憤怒

REBT在性格理論與心理治療方面，是一種開創性的思維方法，而它也有強大與整合的情緒方法與行為方法。目前為止，我們只提出一種找出及根除憤怒思維與感覺的認知方法，亦即駁斥非理性信念。雖然駁斥很複雜，包含辯論與辨別，但它只代表一種處理憤怒的思維方法。

當然，如果你真的認真持續地運用駁斥，你可能不需要其他的認知方法，來找出及消除非理性信念。然而，多年來REBT治療師發現了其他的方法，它們也可以幫你找出及減少對你不利的思維。現在，我們來說明其他幾種重要的改變想法技巧。

以更有系統的方式，打擊「絕對化」信念

首先，你可以利用所謂的「駁斥非理性信念」（Disputing Irrational Beliefs，DIBs）技巧。這種技巧是以更有系統的方式，來反覆打擊你的「絕對化」信念，直到你不再抱持那種想法。就像其他的REBT方法一樣，你可以偶爾使用DIBs或經常使用（例如連續數天，每天練習幾分鐘）。我（艾里斯）在修訂版的《如何與神經質的人們共處》（*How to Live With a "Neurotic"*）、《理性生活》（*A*

Guide to Rational Living）的最後一章，以及艾里斯學院出版的另一本小冊子中，概述了DIBs的技巧。我們在這裡也介紹這種技巧，以便你把它應用在憤怒上。

我們再次以傑克與瓊恩的例子來說明。傑克與瓊恩答應與你合租公寓，讓你花了一大筆錢整修房子，最後卻爽約，拒絕與你分租，也不肯補償你整修所投入的心血與花費，實在很不公平，也不負責任。你非常氣他們，但你很快明白，在REBT的ABC模型中，導致你生氣的主要非理性信念是「他們**絕對不該**對我那麼不公平！」

你現在運用DIBs來駁斥這個想法。使用DIBs時，你可以自問以下的問題，最好把每個問題寫在一張紙上，並寫下你的答案，以便檢查及添加內容。

問題一：**我想駁斥及拋開的非理性信念（IB）是什麼？**
回答範例：「他們**絕對不該**對我那麼不公平！」

問題二：**我能理性地支持這個信念嗎？**
回答範例：「我覺得我做不到。」

問題三：**有什麼證據顯示這個信念不對？**

回答範例：

1.「或許他們對我沒那麼不公平。沒錯，我覺得他們的行為大錯特錯，不負責任。但他們及其他人可能有不同的看法，他們的看法或許也有些道理。所以，我無法百分百確定他們的作為是錯的、不負責任。」

2.「即使我可以用一般的道德標準來證明他們做錯了，對我很不公平，但這世上有哪條法律規定他們**不該**或**不可以**這樣做，規定他們為人處事**必須**公平？沒有！雖然我與其他人認為，他們公平對我才是正確、恰當的，但他們絕對沒**必要**這樣做。」

3.「如果他們**應該**或**必須**公平地對我，而不是對我不公，他們早就這樣做了。畢竟，他們怎麼會迴避**該**做的事？他們**沒有**公平地對我，這個事實確切地證明了他們沒有理由**必須**這樣做。」

4.「當我對自己說：『他們不應該對我那麼不公平！』時，我的真正意思似乎是：一、他們那樣對待我的條件不該存在；二、即使那種條件存在，他們也不該那樣做。但是，當然，他們不公平對我時，那些條件（他們的生活、經歷、性格、生理結

構等等）確實存在。既然那些條件確實存在，他們怎麼會**不**照我要求的那樣做？假設他們的父母非常反對我希望他們做的事，而他們因為非常孝順，聽從了父母的反對意見，決定爽約。按照我的說法：『他們**不該**對我那麼不公平』，我其實是在堅持他們的父母不該反對，或他們不該聽從父母的意見。但我有什麼理由**要求**他們的父母放棄反對意見，或**要求**他們別聽父母的意見？當然，我沒有理由那樣做！」

5. 「我要求他們不要對我不公平，這似乎表示我相信這句話：『理論上他們**不可以**對我不公平，所以實際上他們**不該**那樣做！』但這說法顯然不成立，是不合邏輯的推論。無論他們理論上不該選擇這樣對我有多正確，那都不表示他們實際上**必須**選擇公平地對我。」

6. 「我要求他們對我公平，其實是表示我堅信：『由於我非常希望他們那樣做，他們**必須**如我所願！』但這種主張有多大的效力？顯然無效！」

7. 「我似乎也認為，由於我在這件事情上對他們很公平，他們**應該**也**必須**同樣公平地對我！這又是一個

瘋狂的想法！」

8. 「他們對我不好，所以我覺得他們是**壞人**。即使我可以向幾乎所有的人證明，他們確實對我不公平又卑鄙，但我因為他們的討厭行為，就給**他們**、他們的整個**人格**貼上『壞』的標籤，這是不正確地過度以偏概全。他們肯定還有某些好的特質。我有什麼理由認為**他們**一無是處？」

9. 「當我說：『他們**不該**對我不公平』時，我是用『**應該**』這個詞來假設一種絕對的『**必須**』。我不是說：『他們**最好**公平對我』或『如果他們公平地對我與其他人，他們**很可能**給自己與他人帶來更好的結果』。我武斷且絕對地認為『他們**必須**公平對我』，但是據我所知，我無法證明絕對的事情，所以我自己想出這種絕對的想法，還完全信以為真，根本沒用。」

10. 「我無法證實我的想法（『他們不該對我不公平』），但我**可以**證明，如果我繼續抱持這個想法，我可能會很氣他們，而且恐怕持續氣上好幾個月、甚至幾年，導致我難以與他們相處。雖然我無法證實那些使我生氣的想法，但我堅信那種想法所

帶來的惡劣結果，似乎很容易得到證實！所以我最好擺脫那種想法！」

11. 「我要求他們對我公平，這意味著我**受不了**他們的不公平對待，只有宇宙中某種力量使他們改正錯誤的方式，開始公平地對我，我才能快樂地活下去。顯然，這種想法很蠢。因為我雖**不喜歡**他們的不公平對待，但我確實能夠**忍受**。如果我不再傻傻地生他們的氣，即使他們過去、現在、將來對我不公平，我都可以長長久久地快樂活下去。」

問題四：**有沒有證據可以證實我對傑克與瓊恩的看法：我認為傑克與瓊恩不該對我不公平，他們做了不該做的事情，所以是壞人。**

回答範例：「沒有，我想不到什麼好證據。我可以得到一些資料顯示他們對我不公平，也許我可以從很多人那裡得到共識，說他們對我不公平。我可以因此主張他們的**行為**不好、不道德。但我沒有任何證據證明，他們是因為這種行為而算是**壞人**。所以，我對他們的看法頂多只是部分正確，很大部分是誇大其辭，本質上是不正確的。」

問題五：**如果瓊恩與傑克持續對我不公平，什麼不好的事情可能發生在我身上？**

回答範例：

1. 「我為了整修那間他們答應合租的公寓所投入的時間、精力、金錢，將得不到補償。由於他們爽約，我還要持續承受真正的麻煩。」

2. 「他們可能讓人對我們之間的分歧產生誤解，誤以為他們的做法是對的，我的做法是錯的。那有損我的名聲與名譽。」

3. 「由於他們不喜歡我，說不定會讓別人也不喜歡我，因此可能為我帶來更多的麻煩。」

4. 「他們爽約導致我一個人住在新公寓，或不得不找他人合租，可能很麻煩。」

5. 「今後如果我們繼續保持聯繫，恐怕還會起爭執。即使我們以某種方式化解了分歧，以後還是會有芥蒂，失去之前的信任與友誼。」

6. 「這些事情若是發生了，很不好，但不至於**糟糕**與**惡劣**。我能夠忍受這些事情，但仍快樂地生活。」

問題六：**即使傑克與瓊恩持續對我不公平，我也無法**

阻止他們那樣做，生活中還會有什麼好事發生，或者我可以讓什麼好事發生？

回答範例：

1. 「我可以質問他們的不公平行為，想辦法改變他們對我的態度與行為。即使沒成功，我也可以藉此強化自信。」

2. 「我可以一個人住得很開心，或找別人合租新公寓。」

3. 「我現在為了與他們維繫友誼所投注的時間與精力，可以拿來結交別的朋友，或以其他的方式自得其樂。」

4. 「為了改變他們的想法，使他們不再對我不公平，我能去找他們理論，這可以練習討論與辯論的技巧。」

5. 「我可以利用這次事件，來要求自己改變想法；承認別人對我不好時，怒氣往往是我自己造成的；改變那些導致自己生氣的想法；讓自己做好準備，以後再碰到不公平對待時，可以採取更有建設性的行動，減少破壞性的憤怒及發脾氣。」

DIBs練習只是整理了在討厭的情況下，駁斥非理性信念的重要面向。它以系統化的方式，指導你在C點感到情緒不滿時，持續提出一組問題來質疑非理性的信念。當然，除了憤怒以外，你也可以用DIBs來解決焦慮、憂鬱、失望、自憐、挫折容忍力低下等情緒問題。你可能已經注意到，這種技巧鼓勵大家採取協調一致、有條不紊的方法，目的是希望你經常使用它，也鼓勵你寫下來或錄音下來，以便你持續檢討之前的駁斥效果並改進。

用參照技巧，讓自己產生更全面的看法

根除非理性信念的另一種認知方法，是約瑟夫·丹尼許（Joseph Danysh）開發出來的，他在著作《如何輕鬆戒菸》（*Stop Without Quitting*）中說明了這種方式。它是使用柯日布斯基原創的一般語義學原理。柯日布斯基認為，幾乎每個人都很容易過度地以偏概全，並經常發明誤導性的含義。因此，他們往往因用詞（語義）不當而得出不準確的結論，導致挫敗感與不健康的行為。柯日布斯基的幾位追隨者，如溫德爾·強森（Wendell Johnson）、早川一會（S. I. Hayakawa），把他的研究運用在情緒困擾領

域。REBT納入了許多他們的思想，一些權威人士稱REBT是重要的語義療法之一。

誠如前述，丹尼許的理論就是運用這些語義過度以偏概全的原則。他的參照技巧（referenting technique）提供一種實用的思考工具，來處理你的非理性信念，並教你改變這些想法的務實方法。

對於憤怒問題，你可以使用**參照**技巧如下：假設某人以前曾「讓你」生氣，現在你每次聽到他的事情就非常生氣，你想減少憤怒的情緒。但是你對自己說「不要生氣，不要生氣」，毫無效果。這樣做頂多只能壓抑怒火，但無法消除憤怒。

這個情況下，你的情緒問題可能是因為你以一種隨便、偏執、以偏概全的方式**參照失當**──混淆了你對一個人**行為**的看法，以及你對**這個人**的看法。因此，如果有人問你，你想到那個人的行為時，腦中立即浮現的想法或聯想是什麼。你可能會說：「他的行為差勁、惡劣、不公平、糟糕、爛透了。他一無是處，是個壞人，對人總是很不公正，我特別受不了他。」

這是把描述某人的行為與描述那個人的說法，做片面、過度以偏概全的混淆。這種混淆會讓你對那個人格外

不滿。只要你持續把兩者混為一談,你幾乎不可能減少憤怒,也不可能以更準確的方式看待對方的行為。

丹尼許的參照技巧迫使你擺脫對他人行為的片面偏見,用更好的詞彙來描述那個人與他的行為。參照技巧是使用一個比較模糊的字眼(比如「行為」),然後強迫自己列出構成那個詞彙的特定指稱或具體的描述。丹尼許的方法特別鼓勵你注意到一個詞彙的**許多**含義,而不是只注意幾個有限且帶有偏見的定義。

例如,你想到一個朋友的不良行為時,可以列出一系列負面詞彙來描述那種行為,比如「壞、不好、不公平、惡劣、糟糕、爛透了」。然後,在同一張紙上,絞盡腦汁思考並寫下你可以用來描述其行為的良好面,比方說:「大多時候他是公平的,雖然這次對我不公平,但從他自己的角度來看,可能是公平的;他是為自身利益行事,就像我一樣;他為人直率、意志堅定、充滿自信,有時對別人很好、善體人意;大致上還是關心別人的。」最後,你可以寫下行為中的中性面向,亦即沒有好壞之分的言行舉止,只是他的性格,像是「對生活的許多方面感興趣,熱愛音樂,對運動不熱衷,常公開演講」。

透過這種參照技巧,盡可能準確、完整地描述你對此

人行為的**所有**不同看法。你迫使自己在腦中對他整體抱持一種比較全面、準確，而不是片面的看法。於是，你對其行為的片面看法——「壞、不好、不公平、惡劣」，將會消失。你開始從多元角度看待他的行為，而不是因為特定的不良行為，就在腦中虛構他的作為並貼上標籤。

如果你強迫自己使用這種參照技巧，尤其是你很氣某人的時候，你會發現你可以淡化他的缺點，從而開始對那個人產生更開明、準確、實際的看法。參照技巧不會讓你自動原諒每個你很生氣的對象，也不會讓你直接接受他們對你做的惡劣行為。但這種技巧通常對你有幫助。當你養成這樣做的習慣後，過一段時間你會發現，你不再像現在這樣經常生氣，也不再那麼憤怒。

以矛盾技巧，將非理性信念推向荒謬境界

另一種可以在認知與行為上使用的好方法，維克多·弗蘭克（Viktor Frankl）稱之為矛盾意向法（paradoxical intention）。很多治療師以不同的方式運用這種方法，並給予它不同的名稱。在REBT中，我們有時稱之為「將非理性信念推向荒謬的境界」。運用矛盾意向法，你可以在

腦中誇大想像原始想法的最瘋狂意涵，藉此把任何想法推向荒謬的境界。例如，你希望某人為你做某事，但因為他拒絕合作而生氣。你可以誇大你對權力的渴望，以及想要控制他的渴望：

「他當然應該做我要他做的事情！我對他的行為有絕對的控制權。如果他告訴我，他願意克服重重難關以取悅我，但後來反悔了，我可以輕易給他銬上鎖鏈，鞭打他，直到他乖乖就範！事實上，如果我叫他給我100萬元，或一天在我面前卑躬屈膝十次，他也別無選擇，只能聽從命令！我要他做任何事情，他都非做不可！他要是拒絕，我就會大顯神威教訓他。」

如果你像上面這樣，把控制一個人的想法推向荒謬的極端，你很快就會發現，你其實幾乎無法掌控他。他有權做他想做的任何事情，即使他行使那個權利對你不公平又帶給你麻煩。你會明白，人性不是你能控制的。於是，你只好放棄你那愚蠢的想法：期望別人總是如你所願地行事。

你除了可以像上述那樣在腦中使用矛盾意向法以外，也可以在行為面運用這個方法。如果別人對你不公平，你非常生氣，你可以故意強迫自己採取相反的方式，對他們

非常友好，而不是想著如何懲罰他們。例如，你可以透過各種方式善待他們（比方說，邀請他們參加你知道他們會喜歡的有趣活動；特地幫他們的忙；特別關懷他們）。透過這種矛盾的行為，首先，你可以練習不生氣。第二，藉由以德報怨，你可以為對方樹立好榜樣，讓他們知道，他們的不公平行為不見得會讓人生氣。第三，你可能促使對方檢討自己的行為，了解到他們對你多不好。最後，這可能會鼓勵他們善待你，甚至賠償他們對你造成的損失。

我們並不是說，這種以德報怨的想法一定有效或總是明智的。但如果你審慎地運用這種方法，知道你是故意使用這種矛盾意向法（而且不是每次遭到不公平對待都使用這種方法），你說不定會從中受益良多，也有助於減少憤怒。

矛盾意向法也可以減少人性的頑固。如果別人對你不公平，而你也知道他們有情緒問題，你可能為了維持虛假的原則（為了讓自己感到「強大」，但其實你一直表現得很軟弱），依然**頑固地**生他們的氣。這種矛盾可能發生在你和父母之間。例如，你童年時，父母為了你好，建議你早上鬧鐘響起就馬上起床，以便準時上學。你不喜歡那麼早起，懶散地抗拒（挫折容忍力低下！）但你也明白，你

的抗拒害你在學校遭到懲罰，阻礙你實現一些目標（像是在高中獲得好成績，以便進入你想就讀的好大學）。

你可能頑固地對自己說：「我才不要為了取悅父母而早起！死也不要！那只會讓我看起像個不能獨立思考的傻瓜。我要刻意賴床，證明我的強大及堅持原則！」如果你小時候（甚至成年）那樣做，你只是在自欺欺人。父母建議你早起，你卻愚蠢地、固執地說服自己相信，如果你那樣做，是在遵循他們的規則，是為**他們**而做。你覺得那樣遵循規則是軟弱的，但那其實是一種強大的表現。你「頑強地」抗拒父母，但實際上表現得很愚蠢、軟弱。

憤怒往往也是如此。你或許因為遭到不公平的對待而感到憤怒，但你覺得憤怒對自己不利，可能還會促使別人對你更不公平。然而，你不是去改變這種要求別人的思維（要求別人的行為應該如何），反而堅持這種想法，並說服自己相信你有理由如此憤怒，而且最好憤怒地向冒犯你的人展示他們的錯誤。你也說服自己相信，如果你不這樣做，會顯得很「軟弱」，沒有原則，所以你選擇繼續生氣，即使你某種程度上已經意識到這樣是不理性的。事實上，即使你還是非常不喜歡他人對你的不公平行為，但息怒就可以變得更堅強，得到更好的結果。但如果你不這麼

想，刻意使自己變得更生氣，報復那些對你不好的人，那麼你還是會繼續感到憤怒。

當你以矛盾意向法來打斷「強烈」的頑固想法，刻意把對你不好的人想得很好並善待他們時，你是矛盾地對抗自己的不理性，那通常可以幫你放棄那種不理性的想法。對於你真正想要的東西以及渴望的良好人際關係，採用這種矛盾方式有助於你獲得更好的結果。

瑞秋‧黑爾（Rachel Hare）提出矛盾意向法的另一種形式，我（艾里斯）曾運用那種形式，來幫客戶減少憤怒的感覺與行為。這種方法是給自己某些限制條件，你只能在那些條件下發脾氣。比方說，我的一個客戶每次覺得街上有人朝他的方向吐口水、還噴到他時，就會感到格外憤怒，很想揍人。我勸他與自己約定，只有在他有明確可見的證據（而且最好有旁人證實），證明口水真的噴到他身上，他才能發火。由於他很難證明這點，他的憤怒也大幅減少了。

你也可以把同樣的矛盾技巧，用在自己的身上。首先，挑出你覺得受到不公平的對待，以及經常產生憤怒反應與行為的情況，然後刻意設下限制條件。例如，與自己約定，你只能在以下條件下生氣：一、每個人都認為別人

對你不公平；二、每個人都認同，不公平的對待對你造成很大的傷害；三、你能夠證明，你因遭到不公平的對待而損失一大筆錢。

如果你允許自己以這種矛盾方式，自由地感受及表達憤怒，同時也刻意限制自己，你可能很快就會明白，你能接受這些局限；憤怒其實是自己製造的；你有能力節制及控制憤怒。這種矛盾技巧之所以有效，是因為它使你不再一直想著：「我必須生氣」或「我不該生氣」。這個技巧讓你知道，你還有許多的反應方式，並讓你相信，你有能力自如地駕馭它們。

保持幽默，拿自己的暴躁脾氣開玩笑吧

如果你過於認真地看待不愉快的事情，因而讓自己沒必要地發怒，幽默可以戲劇性地轉變你的態度。治療憤怒的頂尖研究者迪芬巴赫建議，運用無厘頭的幽默來減少憤怒。他認為，拿自己的暴躁脾氣開玩笑可以幫你退一步，重新思考導致你生氣的頑固信念。

REBT治療師常用各種類型的幽默來幫客戶嘲笑自己的嚴肅，並在認知與情感上學習更接納自己。1976年，

我（艾里斯）在華盛頓特區舉行的美國心理學會的年會上，發表一篇如今有點名氣的論文〈趣味作為心靈治療〉（Fun as Psychotherapy），結果很轟動，因為我在演講過程中唱了（沒錯，唱了）兩首有關理性幽默的歌曲。

我在論文中指出：

> 如果人類的情緒困擾大多是過度嚴肅造成的，如果治療師最好像理情行為治療（REBT）那樣，冷靜地攻擊客戶的不理性想法，那還有什麼比幽默與玩笑更適合用來質疑那些想法的工具呢？……讓我簡單地提一下，我用來治療的幽默形式，幾乎包含所有類型的玩笑。例如，把事情推向極端、把想法推向荒謬境界、矛盾意向法、雙關語、俏皮話、反諷、異想天開、喚起情感或記憶的語言、俚語、開黃腔，以及各種類型的玩笑。

按照這種REBT的方式，你可以在發現自己生氣時，經常嘲笑自己，從你的信念中找出誇張的想法（例如你覺得別人**必須**做什麼才能讓你滿意，事情**應該**如何發展才能讓你的日子過得更輕鬆），然後從認知與情感上抨擊那些愚蠢的想法。當你要求別人表現良好時，你可以提醒自

己：「是啊，我自己什麼事情都做得很完美。我從來不會對人不公平，從來不會爽約。是啊，幾乎從來沒有喔！」要是你認為自己絕對需要獲得別人的贊同，別人不認可你實在很惡劣，你可以提醒自己，你把自己變成了迫切需要愛的人或專制獨裁者。若你因為經濟、政治、社會環境不好而抱怨或吼叫，你可以對自己說：「是啊，我掌管宇宙。我想要的一切都必須實現，事實上是必須**立即**實現。其他人都得忍受挫折與煩惱，但**我**除外！」

此外，請記住我們常對REBT案主說的話：「人生，不管你喜不喜歡，通常充滿煩惱，你也只能接受！」當你要求一定要有確定性，如果不能保證獲得成功、愛情、公平、安逸的生活，你就無法忍受時，你可以對自己說：「我想我可以刻一份漂亮的證書。那份證書絕對保證，我永遠會在我想要的那一刻，得到渴望的東西。這樣一來，我就可以快樂過日子，再也不會為任何事情生氣了。」

持續運用幽默來抨擊你的瘋狂想法，當然，不要攻擊你這個人。如果你想對自己（或別人）唱一些REBT的理性幽默歌曲，你可以參考底下這幾首取自《理性歌曲選集》（*A Garland of Rational Songs*）的歌曲*：

---

*　艾里斯作詞，艾里斯學院版權所有。

▌〈抱怨，抱怨，再抱怨！〉

旋律：耶魯大學〈威芬普夫斯之歌〉（Whiffenpoof Song）。

> 我無法實現所有願望——
> 抱怨，抱怨，再抱怨！
> 我無法阻止所有挫敗——
> 抱怨，抱怨，再抱怨！
> 人生欠我太多，
> 命運應賜我永恆的福分！
> 如果我必須勉強將就——
> 抱怨，抱怨，再抱怨！

▌〈完美的理性〉

旋律：路易奇·丹薩（Luigi Denza）的〈登山纜車〉（Funiculì, Funiculà）。

> 有人說世界必須有正確的方向，
> 我也是，我也是！

有人說只要絲毫不完美，

他就受不了，我也是！

我必須證明我是超人，

比大家強得多！

證明我精明過人，

總是名列前茅！

完美的，完美的理性，

當然是唯一適合我的東西！

如果我一定會犯錯，

那我要如何生存下去？

理性對我來說肯定是絕對！

〈希望我沒瘋〉

旋律：丹・埃米特（Dan Emmett）的〈迪克西土地〉
（Dixie Land）。

哦，希望我很正常，

光亮如漆皮！

能和這種美好狀態結合，

真是美好！

但我恐怕注定很錯亂，

哦，像爸媽那麼瘋，

真是難過！

哦，希望我沒瘋！萬歲，萬歲！

希望我的腦子，

沒那樣糊塗！

當然，我可以決定不要那麼瘋，

但是，唉，我懶死了！

▎〈愛我，愛我，只愛我！〉

旋律：〈洋基歌〉（Yankee Doodle）。

愛我，愛我，只愛我，

否則沒有你，我會死！

向我保證你的愛，

好讓我永不懷疑！

愛我，全心全意愛我，

這樣我才能活下來。

如果我必須靠自己，

我會恨你到死！

愛我，一直愛我，

徹底的，全心全意地愛我，

除非你只愛我，

否則人生會變爛泥。

以絕對的柔情愛我，

毫無條件與藉口。

只要你愛我少一點，

我會恨你入骨！

為什麼老是對伴侶生氣？如何化解？

我們做婚姻與家庭諮詢很多年了，所以大家常問我們，如何抑制或控制自己對配偶或親近者的憤怒。這個問題問得很好！著名的婚姻顧問大衛‧梅斯博士（Dr. David Mace）在《婚姻與家庭諮詢期刊》（*Journal of Marriage and Family Counseling*）上發表了一篇好文。該文指出，有意識或無意識的憤怒，恐怕比其他因素更干擾愛情及破壞親密關係。梅斯博士正確地批評了喬治‧巴赫（George Bach）及其追隨者所提出的「鼓勵夫妻透過吵架，表達出憤怒和怨恨，來解決彼此矛盾」概念，並指出，如果你容

易與伴侶爭吵，你可以使用REBT方法來化解及消除憤怒，而不是表達或轉移憤怒情緒。

他具體說明了三種主要的實行方法：

1. 承認憤怒。對伴侶說：「我生你的氣。」就像說：「我很累」或「我很怕」一樣。

2. 擺脫憤怒，因為不健康。即使伴侶對你不好或不公平，你也要面對一個事實：怒氣主要是自己製造出來的，你沒必要生氣，你生伴侶的氣並把情緒表達出來，往往對你們的關係有害。

3. 向伴侶求助。告訴他，你難以控制憤怒，看他是否有什麼方法可以幫你擺脫這種情緒，改善你們的關係。

我們非常贊同梅斯的建議。後來我（艾里斯）也在《婚姻與家庭諮詢期刊》上發表一篇文章，作為梅斯那篇文章的續篇。我在文章中增添了幾種REBT方法，以幫大家控制自己對伴侶或其他親近者的憤怒。

4. 向自己承認憤怒。不止告訴伴侶你生氣了，你也要坦白地告訴自己：「面對這件事吧！我實在很氣我的伴侶，不止是不高興，不止是對他的**行為**感到心

煩，而是氣他這個人。我想譴責**他**、要求**他**。」除非你這樣做，否則你無法觸及內心深處的憤怒，只會口頭承認。一旦你對**自己**承認憤怒並努力平息怒火後，你就可以決定要不要向伴侶表達憤怒，這取決於他的脆弱度及其他的特殊考量。

5. 為憤怒負起全責。毫不猶豫地承認，憤怒是你自己製造出來的，是你讓自己生氣。對自己說：「沒錯，伴侶可能做得不好，對我不公平，但他只是讓我感到失望，因為他給了我不想要的東西。我因為他的行為不當而心煩氣躁，這是健康的負面情緒，因為我確實希望他有不同的作為，並為他的不當行為感到遺憾。但我也很不健康地**讓自己**生氣，因為我命令及抱怨他**不該**那樣做；要求他**必須**按我的意思做；由於他沒照著我的意思做，導致我的生活變得很糟，所以他是徹底的爛**人**。我選擇這樣思考，因此讓我對伴侶感到憤怒。如果我願意，我可以選擇不同的想法，把憤怒的感覺變成比較健康的感覺（失望、悲傷、煩惱）。」如果你以這種方式承認生氣完全是你自己的責任，那通常可以大幅消除憤怒的情緒。

6. 接納憤怒的自己。如果你因自己的神經質症狀（如憤怒、焦慮、憂鬱、無用感等等）而譴責自己，那會阻礙你擺脫這些症狀。如果你因為對伴侶生氣而覺得自己很**沒用**，你如何指望像你一樣沒用的人振作？如果你一直責備自己不該愚蠢地讓自己生氣，你怎麼會有時間與精力，去搞清楚什麼想法讓你產生憤怒情緒並努力去減少憤怒？

   有些心理學的文章建議，最好把憤怒視為好的、健康的，或有益的情緒。但接納憤怒的自己並不是這個意思，而是把憤怒視為普通的情緒，人之常情，人性弱點之一。話雖如此，憤怒情緒仍常常打敗你，而且誠如梅斯所言，憤怒很容易傷害你的親密關係。

7. 別再讓自己焦慮、憂鬱、自責。一旦你學會接納自己，無論你有多生氣，或生氣時的行為多愚蠢，你也可以學會接納自己其他的「錯誤」或「糟糕」行為。如果你這樣做，就不會再那麼脆弱。畢竟，受傷與自憐的感覺，通常會讓你感到生氣。

8. 找到憤怒的思維來源。充分承認憤怒後，如果你沒有因為憤怒而譴責自己，就可以尋找導致你憤怒的

思維來源。意識到（誠如本書所示）幾乎每次你感到憤怒，憤怒的背後都有一個深刻的假設，那個假設包含了「**應該**」或「**必須**」的想法。所以，去找出那些「**應該**」與「**必須**」！

比方說，對伴侶生氣時，你常抱著怨恨的「**必須**」想法（例如「你**必須**善待我、體貼、關愛、認可我！」），以及挫折容忍力低下的「**必須**」想法（像是「我生活的環境**必須**美好順利，這樣才能輕鬆得到我想要的幾乎所有東西。」）。

更具體來說，你對伴侶生氣時，常告訴自己：一、「伴侶必須體貼、關愛我，但實際上他對我不公平，不支持我。我受不了這種行為！我覺得這太糟糕！他爛透了！」二、「我和伴侶在一起，是為了過得幸福快樂，但我們的關係不融洽，這種惡劣的狀況不**該**再繼續下去！太糟了！我**受不了**了！我們的關係劍拔弩張，我討厭這種狀態，太討厭了！」

所以，找出你對伴侶、孩子、生活條件、姻親，與伴侶的性關係等等，抱持的「應該」、「必須」想法。誠如我（艾里斯）與羅伯特・哈珀博士（Dr. Robert A. Harper）在《美滿婚姻指南》（*A Guide* to Successful Marriage）一書中所述，一旦你找到這些「必須」的想法並清楚了解它們，你就找到了怨恨與憤怒的最重要來源。

9. 區分你對伴侶的**期望**與你的**「必須狂」要求**。你有理由這樣想：「我想和伴侶一週做愛兩次，而不是兩週一次。」但是，之後你又傻傻地加上一句：「因此，他**必須**按我希望的那樣做！」你對伴侶每一項絕對性的要求，後面都有某種現實、合理的期望或偏好。請在腦中與內心，找出你的「期望」，**與**執意你必須滿足這想法的「命令」，把兩者明確區分開來！

10. 駁斥及辯論你的絕對「**必須**」想法。光是知道你對伴侶（及外界）的要求，並不能解決問題。你可以輕易對自己說：「好，現在我明白了，我對伴侶感到生氣，是因為我一直要求他按我喜歡的方式做。好吧，也許我最好放棄那些要求，把它們恢復成期望。」很好，但這樣想還不夠！

除非你積極、持續、強烈地質疑與挑戰這些要求，否則你很難擺脫這種想法。唯有徹底改變思維中絕對「**應該**」的信念，你才有可能減少憤怒。我們所

謂的「減少」，不是指壓制、壓抑、迴避或隱藏，而是把有害的憤怒轉化成健康的負面情緒。

11. 使用行為與情緒上的方法，來破壞憤怒情緒。誠如本書所示，尤其是第九章與第十章，你不僅自己製造了憤怒，也透過各種情緒上與行為上的做法來強化它們。所以，你最好以強大、戲劇性、積極的指令行為法來減少憤怒。因此，情緒上，你可以刻意對伴侶展現愛意，而不是生氣地對他；訓練自己更有效地了解伴侶的觀點與感受；練習心理學家卡爾・羅哲斯（Carl Rogers）所說的「無條件正向關懷」（unconditional positive regard），或者是REBT中所謂的「無條件自我接納」；使用非責備的「我訊息」，而不是譴責伴侶行為的「你訊息」；向其他人（如朋友）表達你對伴侶的憤怒，而不是直接向伴侶表達；角色扮演你對伴侶的憤怒反應；使用理情心像來想像伴侶表現得很糟，讓你對他很憤怒，然後再練習把憤怒的情緒轉變為失望。

至於行為方法，你可以運用多種方法來幫你擺脫「必須狂」的想法。你可以刻意處在令你生氣的情境中，或想

像那種情境，然後練習如何因應那種情況，並在因應過程中，改變那些讓你產生憤怒的信念。另一方面，在與伴侶相處時，如果沒辦法自信地表達個人立場，很容易累積不必要的憤怒。所以，你可以做自信訓練，堅定果敢地表達自身觀點，而不是消極順從，以防怒氣累積。而你也可以運用操作制約法或自我管理法，在你冷靜因應問題時，獎勵自己。

伴侶做了令人心煩意亂的事情時，你可以運用行為演練法，找人一起角色扮演，訓練自己做出更健康的反應。你可以與伴侶訂立書面或口頭約定，做伴侶希望你做的一些事情，條件是他也要做一些你喜歡的事情。你也可以運用放鬆訓練、冥想，或其他減敏（desensitizing）與分散注意力的方法，讓自己至少暫時脫離激怒你的情境，給自己更多的時間來改變那些誇大的命令型思維。

你可以用許多方式，運用本書提到的各種減少憤怒技巧，以承認是你自己製造了對伴侶的憤怒，從而有效地減少怒氣，享受親密關係帶來的更多美好感受。

Chapter
13

用這些理性方法，
從易怒的生活中解脫

你能完全理性地處理及減少憤怒嗎？大概不行。因為前面提過，你很容易在危險與逆境中自然地激怒自己。有時你甚至需要這樣做才能保住性命。你對那些折磨你的人事物感到憤恨，極度不滿，這些情緒困擾著你。但它們也會保護你，促使你去改變糟糕的狀況，讓你獲得其他的效益。也許完全接受這些情緒，任由它們影響你，對你的生活有益，但事實不見得總是如此！

任由自己沉浸在「真實」的憤怒中，是解決「壓倒性」失落感的好辦法嗎？未必如此！何不採取更理性的中間立場呢？對那些令你苦惱的狀況感到非常不滿，並積極敦促自己改進那些情況，同時停止抱怨，不再提出絕對的要求（例如，說那種情況**絕對不該、不可以**發生，要是發生，你的生活會變得非常**糟糕**）。是啊，為什麼不採取理性方法？

具體來說，因應憤怒的理性務實方法包括幾個要點，尤其是努力做到：

- 確實承認你遇到討厭的狀況時會無謂地發怒，而不止是合理地感到心煩而已。
- 完全承認怒火大多（不是完全）是自己製造出來

的，幸好你可以選擇要不要繼續發火。

- 知道你確實可以控制及減輕怒氣，雖然你很難讓怒火完全消失。
- 清楚明白憤怒給你及你關愛的人帶來的傷害，遠遠多於效益。
- 下定決心努力減少憤怒且努力不懈。
- 持續努力與練習，把決心付諸實踐，讓自己明顯減少憤怒。

假設你正朝著這些方向努力，真的敦促自己依循前幾章描述的許多REBT方法，以下再介紹幾種方法，幫你避免沉溺於有害的憤怒中。

挫折、獎懲與憤怒的背後

班度拉深入探究憤怒以及史金納的強化理論，並提出三大研究結果。一、憤怒與暴力很少是由「良好」的人際互動產生的，通常是來自內含（或**看似**內含）嚴重挫折與剝奪感的經驗。二、一旦以某種敵意的方式因應挫折與煩惱，這種反應會強化我們的情緒或懲罰我們。在強化情緒

方面，憤怒要麼鼓勵我們清除那討厭的刺激，要麼帶給我們其他的滿足感（例如感覺自己比對手優越）。在懲罰我們方面，憤怒可能引發我們憎恨及攻擊的對象反擊。三、憤怒（意指攻擊性的情緒與行動）強化我們的情緒或懲罰我們以後，我們最終可以權衡結果的長短期利弊，並減少令人沮喪的情況，然後決定如何因應依然存在的挫折。

我們再次以傑克與瓊恩為例來說明。傑克與瓊恩答應與你合租公寓，並在說服你投入許多金錢整修公寓後爽約。因此，他們的行為帶給你許多麻煩的狀況，需要你處理。如果你選擇發火並對他們採取憤怒的行動，你會得到某種強化效果與懲罰。在強化效果方面，你可能不再和他們做朋友，從他們那裡獲得一些金錢補償，或感覺自己比他們優越（因為你做得「很好」，他們做得「很糟」）。在懲罰方面，你的憤怒可能使他們以後對你更差；你們的共同朋友也許因為你對他們的報復行為而不認同你；你試圖向他們要求補償卻一無所獲，浪費了寶貴的時間與精力。當你未來遇到類似的挫折與煩惱時，這些強化與懲罰很容易在有意或無意間，使你或多或少感到憤怒。

最後，你對傑克與瓊恩生氣了一段時間，中間可能還與他們爭吵過，你（身為人類）有能力回顧整個事件，把

它放進你生活的整個大局中來檢視。例如，你可能認為發怒帶來了一些好處，但也帶來高血壓等健康問題，導致弊大於利。或者，你認為憤怒讓你感覺自己比傑克與瓊恩優越，但那種優越感沒有多大的效益。或是你認為即使感到不快與憤怒，你還是可以過得很好，但是如果以後盡量遠離像傑克與瓊恩那種人，阻止這種人際關係帶來的麻煩，你會過得更快樂。

換句話說，如果你充分意識到挫折如何導致你的憤怒，知道什麼獎勵與懲罰會馬上伴隨著憤怒而來，明白發怒後的一時爽快可能帶來哪些長期後果，那麼你就會了解引起敵意與憤怒的許多複雜因素。你有多種方法可以解決這個問題，包括改變使你憤怒的麻煩事件或逆境；安排各種強化效果與懲罰，讓你面對逆境時不那麼生氣；從長遠的觀點、而不是一時爽快的角度，來看待發怒的缺點；改變你對挫折的看法，讓它們看起來沒那麼糟。

誠如古希臘哲學家所說的，知識就是力量。你越了解憤怒情緒與憤怒行為的生理、社會、認知根源，就越有機會減少憤怒帶來的不利結果，也越有機會找到更好的解決辦法。

雖然挫折不會直接或必然導致憤怒，但挫折顯然很容

易讓人發怒。許多有嚴重剝奪感的人很容易為自己面臨的困境感到憤怒，並經常痛斥那些讓他們沮喪的人事物。雖然努力提高挫折容忍力最好，但你也可以盡力地減少挫折。

你**不必**去做枯燥的工作，不必與討厭的朋友相處，不必讓伴侶或孩子繼續占你便宜，也不必與不滿意的性伴侶繼續維持關係。刻意、不生氣地讓自己處在這些令人不快的狀態，以便提高挫折容忍力，可能暫時對你有幫助，但這只有暫時的效果！長遠來看，你幾乎總是有更好的選擇。去尋找那些更好的選擇吧！想辦法讓自己處於那種狀態。另一方面，別想要達到**零**挫折的狀態。（因為你不可能辦到！）有時甚至不要追求「最小挫折」這種目標（你可能因此失去潛在的樂趣）。但你真的不需要處在那些不必要的受限處境，想辦法減少那種情況吧！即使不是立即杜絕，至少追求最終能擺脫那種狀態，而且可能的話，盡快這樣做！

四大步驟，提高挫折容忍力

憤怒與暴力很少單純來自挫折，多半是因為挫折容忍

力低下。你發怒時，堅持認為讓你沮喪的情況是**不該、不可以**存在的；你認為那種情況不止不公平，而且那種不公平根本**不該**出現；你**受不了**這種情況；覺得那些阻礙你的人根本是混蛋，他們**不該**那樣做。

你可以教自己提高挫折容忍力，以摒除那種思維方式。但怎麼做？你需要明白，挫折**理當**存在（因為它確實存在），就像不公平與不公正也理當存在一樣。這方面，你可以聽聽佛洛姆的說法：

首先，我們可以思考一個基本的事實：唯有接受挫折，才能成大事。認為一個人可以輕鬆學習，毫無挫折，那種概念可能很適合拿來當廣告詞。但在學習主要技能方面，肯定不是這樣。沒有能力接受挫折，幾乎很難進步。在日常生活中，我們不是經常看到有人受挫，但沒有出現攻擊性的反應嗎？人如何**看待**挫折，往往才是攻擊性行為出現的原因。

除了佛洛姆所說的以外，你還可以透過下面的方法來提高挫折容忍力：

1. 承認你自己常要求挫折**不該**存在。
2. 了解到除非你減少這種要求，否則你幾乎總是受不了挫折。
3. 堅決放棄這種要求，改以「期望」來取代，而不是絕對堅持你遭受的挫折應該少一些。
4. 決心努力實現這個決定。

所以，你對挫折的看法才是關鍵所在。即使你幾乎無法控制挫折，但你也絕對可以改變對挫折的看法。畢竟，人的成長不是來自於迴避挫折，而是來自於面對挫折、並不再抱怨挫折。

注意你的自戀！注意你的浮誇想法！

葛列格里・羅克林（Gregory Rochlin）指出，自戀或幼稚的浮誇是人之常情，人們有很多行為源自於這兩種心態。因此，我們不止希望別人愛我們、關心我們，而且執意要他們這麼做。如果對方做不到，我們常感到崩潰。然而，這種崩潰是自己造成的，因為我們迫切需要他們的接納而傷了自己，並不是他們傷害我們。我們常傻傻地宣

稱，他們否絕了我們的「需求」，所以**他們**毀了我們。這種想法往往讓人非常生氣，並導致我們粗暴地對待那些辜負我們的人。羅克林強調，敵意往往是源於受傷的自尊。雖然羅克林忽略了敵意的其他重要來源，但他的說法確實有一定的道理：我們對他人的憤怒，大多是源自他人造成的「傷害」，他們傷害了我們要求認同的自戀心理。

這個理論帶來的啟示是：如果幼稚的自戀是你憤怒的主要根源之一，你可以放棄這種自戀的想法。你不**必統治**這個世界，也不**需要**別人肯定你優秀才自我感覺良好。沒有什麼理由你**一定要**處於舞台的中心，也沒有什麼理由你**應該**獲得他人最起碼的尊重。

這個世界**不會**太在意你，很可能永遠也不會。而且，你越有名，敵人越多。你對某些人越好，人家越會占你便宜。宇宙對你沒有**特別的**興趣，以後也不會有。那麼，你如何面對及接受這個「殘酷」、「冷酷」的事實，並快樂地生活下去？如果你能做到這點，你對他人的憤怒的一大來源（亦即自戀心理）會明顯減少。

多年前佛洛依德與阿德勒就提過，REBT的早期相關作品也寫過，許多憤怒是源於幼稚的浮誇。身為人類，我們往往認為，由於別人**可以**對我們好，而且這種善待**可能**

有益，所以別人應該對我們好。誠如彼得斯（H. Peters）所說的：「有些哲學家，如伯特蘭·羅素（Bertrand Russell）認為，嫉妒永遠是一種不恰當的情緒，主要是因為它預先假定了你在與另一人的特殊關係中，有無理的主張。」

如果每次你生某人氣時，都能充分了解一個事實：這就好像你給他下了一個聖旨，要求他**必須**給你特殊待遇；一旦你堅決放棄這種「必須如何」的想法，並以「如果這個人能給我特殊待遇，那最好不過了，但他可能不會這樣做」取而代之，你就能盡量減少憤怒。

注意你的浮誇想法！注意你的固執信念！你越相信某個理念，越容易忽視它的限制。努力記住這點。看你能不能在不發怒、不堅持絕對的想法下（你覺得某事是對的、恰當的，就**絕對必須**成立），堅定地追求你想要的東西。

歷史學家丹尼爾·布斯汀（Daniel J. Boorstin）指出，歷史以許多令人震驚的例子顯示憤怒的後果。從古代以色列與希臘那些曠日持久的戰爭，到希特勒與史達林發動的大屠殺，再到如今仍在進行的無數宗教、政治、經濟戰爭與其他屠殺。此外，布斯汀也提醒我們，歷史也幫我們粉碎了烏托邦幻想，讓我們尊重進步的可能性：

佛洛伊德並沒有低估不理性的作用，但他在 1928 年指出：「知識分子的意見是溫和的，但除非他們的意見獲得聆聽，否則他們不會停止發表意見。經過無數次的挫敗，終於有人聽取他們的意見。由此可見，我們對人類的未來可以抱持樂觀的態度。」理性是所有時代與所有地方的共通語言，那也是歷史的語言。

憤怒，是要付出代價的！

你可能以為，憤怒與暴力對個人與社會顯然造成那麼大的傷害，所以每個人（包括你自己）都很清楚這點，並密切關注自己對他人的憤怒反應。那你就錯了！你可能對憤怒的一些壞處確實有大致了解，但你多常關注這個問題？多常確切地看到你的憤怒可能帶來什麼傷害？我們敢打賭，你應該很少這樣做吧！

我們簡要地回顧一下怨恨與憤怒的壞處：

- **一心想要報復**。雖然表面上，你生氣是為了讓別人不再傷害你與其他人，但是你一旦對這些「做壞事的人」感到憤怒，你往往會看不到憤怒的「危險

性」，一心只想報復。

- **欺負弱小**。憤怒，甚至義憤填膺，都可能刺激你去虐待那些行為不當的人，包括你能操縱的弱小孩子。前面提過，虐待兒童在美國屢見不鮮。

- **政治暴力**。雖然目前為止，聯合國的成員國設法阻止了像一次大戰或二次大戰那樣的大屠殺，但無數的國際與國內衝突依然存在。游擊戰、劫持事件、政治謀殺、綁架、政治派系之間的公開衝突，以及各種流血事件，在現今的文明國家與文明程度較低的國家都很常見。

- **宗教衝突**。就像政治戰爭源於對其他群體的仇恨與偏見一樣，宗教衝突也是如此。世界各地都有宗教衝突，包括天主教徒與新教徒之間、猶太人與基督徒之間、猶太人與穆斯林之間、穆斯林與基督徒之間、印度教徒與非印度教徒之間等等。一如既往，每個群體往往認為自己的觀點是正確的，對手的觀點錯得離譜，因此必須譴責、壓制，最好消滅對立的群體。

- **對自己與他人的偏見**。對他人的仇恨，往往使你把對方視為魔鬼的化身，並誇大對方「邪惡」的特

質。而把這些不好的特質強加在對方的身上後，你常覺得自己很高尚，而且不得不憎恨他們來保護自己的「高尚」。誠如社會心理學家瑪麗・雅霍達（Marie Jahoda）所說的：「鄙視他人變成一種支撐自尊心的方式，藉由讓他人顯得低劣或可鄙，來支撐自己搖搖欲墜的自尊心。實際上，某些人維持自尊的唯一方法，是慶幸自己不是黑人、天主教徒、義大利人（或任何他們認為，是為他們的祕密苦難受罪的代罪羔羊）。」

- **呈現出你憎恨對象的特質**。諷刺的是，你因他人的低劣特質（如霸凌弱小、偏見、暴力、傲慢）而憎恨他們，但你對他們的憎恨，以及為對抗他們的行為所做的辯解，反而讓你呈現出你憎恨的那些特質。比方說，如果你很恨希特勒，你可能也變成希特勒──一個因為不喜歡他人的某些特質，而全面譴責他人的人。社會哲學家威廉・爾文・湯普森（William Irwin Thompson）指出：「我們變成自己憎恨的人。」他也提到：「都柏林的瑜伽修行者喬治・威廉・羅素（George William Russell）目睹北愛爾蘭問題的衝突後，把那句格言發展成一條政治

原則：『強烈的仇恨，使一個民族發展出他們想像的敵人特質。這就是為什麼激烈的衝突往往會導致敵對雙方的特質互換。』」

- **加劇不公正帶來的麻煩**。心理學家保羅‧霍克（Paul Hauck）在《克服挫折與憤怒》（*Overcoming Frustration and Anger*）中說得好，有人試圖「惹毛」你，你又為此生氣的話，只會給自己帶來雙重傷害：「我常對自己說兩句話來幫我保持冷靜。第一句是：我不是上帝，如果堅持一切都要如我所願，那根本是神經病。這句話通常可以讓我冷靜下來。如果這句話沒效，我會再加入下一個想法：『霍克，放聰明點吧，有人想搞你。老兄，這已經夠糟了。你不會笨到做那個傢伙想做的事吧。千萬不要！或許他根本不在乎我的感受，但我很在乎。所以，眼看著怒氣即將升起，我要強迫自己不要生氣。』遇到麻煩是一回事，麻煩往往無可避免。但自己惹上雙重麻煩又是另一回事了。」

- **妨礙行動主義**。革命者常認為，唯有對不公正感到憤怒，才能刺激自己採取行動，改變惡劣的社會環境。這說法有幾分的道理，但大多是錯的！誠如漢

娜‧鄂蘭（Hannah Arendt）所說的，暴動與叛亂常給參與者一種行動的錯覺，往往阻礙了仔細規劃、建設性的行動、長期的後續程序，而無法達到有效的社會變革。戲劇性的暴動有時可能促成建設性的改制，但通常不會如此。此外，暴動恐怕持續好幾年，進而阻止大家採取行動，去改變他們一直強烈反抗的惡劣條件。

- **妨礙他人的權利**。沃夫指出，自信與攻擊性不同，差別在於自信是「直接表達情感或合理權利的能力，不會攻擊他人或侵犯他人的權利。相反的，攻擊行為侵犯了他人的權利，或貶抑他人」。憤怒的背後本質上也有法西斯主義或精英主義的想法，因為它為了自己的「特殊」權利，而否認他人的權利。

- **無法幫他人改變**。你對有歧見的人越生氣，而且表達出來的憤怒越多，越不可能幫對方改變想法，更無法讓他們接受你的想法。相反的，他們通常會覺得自己更有理由反對你的意見，並宣稱你的憤怒證明你是錯的。誠如柏恩斯所說的，認同批評者的看法，可能減少他們對你的批評；強烈反對他們，恐

怕讓他們更加堅信，他們對你的批評是正確的。

別人一定是故意的⋯⋯真的嗎？

你生氣時，常認為惹你生氣的人居心巨測，但實際上他們並沒有那些意圖。很多研究顯示，有暴力傾向的青少年有「敵意歸因偏誤」（hostile attributional bias）。他們認為別人是故意惡搞他們（但其實不是），抱著最壞的打算面對逆境。

小心這種情況！如果你很容易把對你不好的人想成別有居心，你需要停止這種想法，並質疑你的假設，然後尋找自己遭到不當對待的其他原因。

以傑克與瓊恩爽約的個案為例。如果你「確定」他們是故意欺騙你，你可以自問：「我真的知道他們有這種意圖嗎？他們對我不公平會不會是因為**別的**原因？他們有什麼合理的理由對我不好？我知道全部的事實嗎，還是這些大多是我自己的**假設**？」

了解歸因理論。某人以某種方式對待你，尤其是以令人沮喪或不公平的方式對你時，你往往會認為他這樣做是出於某些動機，因此使自己感到生氣。近年來，一些社會

心理學家指出，歸因理論對於了解人們的情感與行為很重要。比方說，羅素・吉恩（Russell Geen）與大衛・史托納（David Stonner）做過一個實驗，他們先讓男大學生觀看暴力電影，之後讓學生懲罰以言語攻擊自己的人。他們告訴一組學生，暴力電影中的打鬥是出於專業或利他的動機；他們告訴另一組學生，暴力電影中的打鬥是出於報復。實驗結果顯示，把暴力歸因於報復動機的學生後來懲罰別人時，比歸因於利他動機的學生更粗暴、嚴苛。

如果你很容易認為對你不好或攻擊你的人，是出於負面、惡意的動機，你需要強迫自己別再這樣想，並質疑這種歸因偏見，試著為你遭到不當對待或攻擊，找出**別的**可能原因。在傑克與瓊恩爽約的例子中，你可能以為：

1. 他們確實想欺騙你。
2. 他們早就知道不會與你合租公寓，卻刻意誤導你。

尋找你的歸因並檢查那是否正確！別人經常讓你感到沮喪、惱火或對你不公平，但他們很少是因為恨你才這樣做，很少是**刻意**對你採取報復行動。許多情況下，由於他們自身的困擾，不得不對你不好，或者他們沒有意識到自

己對你不公正，或認為除非他們不公平地對待你，否則無法解決自身的一些問題。如果可能的話，最好找出他們的真實動機與心態。注意你可能有這種誇大的歸因偏見！

你是真的生氣，還是為了掩飾自卑？

很多權威人士認為，發怒比自責好多了。

如果你想盡量減少因不安全感而產生的憤怒情緒，你可以翻閱前面的內容，學習不再責備自己。你的特質、行為、表現可能確實不如你想要的那麼好。也許是形勢對你不利，導致你在某些方面明顯不如人。這實在太遺憾了！很可惜！太不公平了！但是，如果你真的有不如人的特質，或因社群誤認你低人一等而遭到看不起，你也沒必要看輕自己，認為自己不配享有任何樂趣。

你越是無條件地接納自己（因為你選擇活著，為幸福而奮鬥，沒別的原因），就越不會用補償性的憤怒來掩蓋你的「不足」。這並不表示你不能對抗社會不公，或是無法為了理念而反抗。你可以這樣做！但你這樣做最好是因為你想糾正錯誤，改善自己的生活，而不是為了證明你很強、很有男子氣概或很高尚。誰需要那種自我證明？只有

那種一開始就傻傻地貶低自己的人，才需要那樣做。

如果你常暴怒，對酒精與藥物要小心……

一些研究對容易發怒的大學生與成人做調查，結果發現他們吸毒與酗酒的比率很高。這關係是雙向的：有情緒困擾的人容易對毒品與酒精上癮，他們往往以吸毒及酗酒的方式來因應負面情緒。另一方面，酗酒與吸毒的人容易失控暴怒，如果他們沒有受到這些物質的影響，他們本來可以控制住這些行為。

此外，酗酒與吸毒者難以因應生活中的挑戰，容易遇到不尋常的挫折，習慣了低下的挫折容忍力，常發無名火。酒精通常會導致攻擊性增加。實驗顯示，光是相信自己喝了很多酒，就可能產生攻擊性的行為。

如果你有憤怒問題，對酒精或藥物要特別小心。你可以不必完全戒掉，但要注意你的攝取。

原諒別人，饒了自己

我們一再強調，犯錯是人之常情，每個人都很容易犯

錯。當然，我們可以改進，做得更好，但改進的程度還是有限！畢竟，我們的所作所為不可能永遠公平、公正、合乎道德、正確或恰當。

同時，我們也要能夠接納他人犯錯，原諒他們的罪行。賓州大學的阿納托・霍德教授（Anatol Hold）就是很好的例子。賓州某個年輕人性侵並殺死霍德的3歲半女兒時，他投書《費城公報》（*Philadelphia Bulletin*）。他在信中表示，他希望把兇手繩之以法，對他做心理治療，但不要判他死刑。霍爾寫道，雖然他非常想念逝去的孩子，感到極度悲傷，但他很清楚，這個殺人犯有嚴重的心理問題，極度的自卑及無用感驅使他做出這種事。他無法問心無愧地主張，處決這樣一個有心理問題的人。霍德教授寫道：「我最後想表達的立場，與司法體系的運作有關。如果我在這個年輕人犯案時逮到他，我會想殺了他。然而，既然發生的事情無法逆轉，我現在只希望幫助他。不要讓原始的報復念頭影響我們，讓我們幫助這個犯下如此人性錯誤的人吧。」

另一個案例也非常相似，約瑟夫・史圖雷克（Joseph Sturek）是紐約中央艾斯利普州立醫院（Central Islip State Hospital）的精神治療助理，他的12歲女兒珍妮佛慘遭毒

手。幾天後，他的16歲兒子與幾個朋友發現珍妮佛的遺體。史圖雷克為此傷心欲絕，但是當證據清楚顯示兇手是15歲的鄰居少年時，史圖雷克說：「我們必須原諒這個孩子，他病得很重，珍妮佛會希望我們原諒他的。」

我們有沒有可能在自己與別人身上培養這種同情心？當然可以，只要你接受「犯錯是人之常情」這個概念，了解報復的傷害，並努力對抗「持續發怒」這種人性特質，就可以培養同情心。

雖然人類的攻擊性主要是生理因素造成的，但這並非無可避免。我們可以教導孩子盡量不要爭執，從小就教他們接納及原諒他人。不要期望奇蹟出現，因為強烈的好鬥性格不會那麼容易消失。但是，如果我們能夠訓練「先天」互有敵意的動物和平相處（比方說狗與貓、貓與老鼠），而且這點絕對可以做到。那麼，我們也可以鼓勵人類「先天」的死對頭減少攻擊性的行為。何不試試看？

出於正義的憤怒，真的好嗎？

「義憤填膺」聽起來很棒，因為你有這種感覺時，你**絕對知道**對方是錯的，所以你完全有理由阻止他們，而且

不惜一切代價！

但這樣做真的好嗎？

其實沒那麼好。

當義憤填膺讓你非常憤怒，而導致暴力行為時（常這樣發展），在你發洩這種情緒之前，先停下來好好想想。考慮底下幾點：

1. 對方的觀點難道沒有**一點**道理嗎？看看**他們**的信念，那真的**完全**錯了嗎？總是錯的嗎？

2. 即使你找不到充分的理由支持對方的觀點，他們難道不是**堅信**自己的觀點是對的嗎？無論你認為他們多麼執迷不悟，難道他們沒有執迷不悟的權利嗎？

3. 你真的**了解**他們的「錯誤」觀點嗎？你有沒有仔細聽他們說，查證他們說的是不是你最初所**想**的意思？如果你告訴對方，你認為他們在爭論什麼，他們也認為你的理解沒錯，如此確定了以後你才與他們繼續爭論，這樣你還會生氣嗎？

4. 運用REBT讓自己明白，即使你鐵定是對的，對方無疑是錯的，你也不必向他們證明這點。不管你多想糾正對方，你也沒**必要**那樣做。

5. 假設對方絕對是錯的（這個假設很危險！）坦白承認你的義憤填膺幾乎總是帶有不理性的成分。當你感到強烈憤怒時，你首先會「理智地」說，對方的**行為**非常惡劣。按照一般標準，這可能確實是真的。但你也「瘋狂地」嚷嚷他們**絕對不可以**有這種惡劣行徑，有這種惡劣行徑就是**徹底的爛人**，理當遭到**嚴厲譴責**。由此可見，你的義憤填膺通常是極端的憤怒，譴責犯錯的人**和**他們犯下的罪孽。

6. 有時你可以對「邪惡」對手使用REBT，讓他們明白，當他們行為「不對」時，他們可能正在正確地反抗「不公正」或「壞事」。但他們為這些不公正或壞事感到不滿，堅持認為這些事情絕對不該發生，並無所不用其極地反抗它們，這樣是錯誤的，也是暴力的。以這種方式使用REBT，也許可以讓對手平靜下來，改變行為。但別指望這樣做有效！

非暴力理念。暴力理念一直主導人類社會。只有少數幾個著名的例子運用有計畫、務實的非暴力手段，在不與對手公開交戰下達到目的。甘地為了讓英國放棄統治印度而進行的持久抗爭，就是一例。

歷史學家克里斯多夫・拉許（Christopher Lasch）指出，印度的非暴力原則（或稱Satyagraha，按：梵語Satyagraha是甘地喊出的口號，字面意思為堅持真理，甘地把它衍伸定義為消極抗爭、不合作主義，以非暴力方式作為抗爭的手段）認為「正派」是每個人身上都潛藏的特質，是人性的一部分：「因此，事先認定某些對手不正派，其實是在譴責他們沒人性，並陷入Satyagraha一開始想讓我們擺脫的傲慢道德說教。」

　　心理學家艾瑞克・艾瑞克森（Erik Erikson）一語道破了甘地那種非暴力方式的精髓。他指出，甘地主張的真理，包含接受一種觀點：對對手施暴其實相當於對自己施暴。金恩博士也贊同這個真理，他寫道：「基於務實與道德因素，非暴力為我們同胞提供了通往自由的唯一道路。在暴力衝突中，必須準備好面對一個殘酷的事實，那就是會有成千上萬人傷亡。」

　　在你的生活中，你可能不必對任何野蠻群體做被動的抵抗或完全非暴力的抗爭。但是，只要你願意，你可以讓別人明白，雖然你經常抗拒做他們想要你做的事情，但你會以非暴力的方式反抗。這種方式可以避免你在情緒上與身體上傷害自己，也可以為他人樹立榜樣，讓世界多些和

平，人與人之間更和睦。

心懷仇恨，是多麼諷刺的事

仇恨對你的摧殘比其他任何情緒更大，就像嫉妒與其他強烈的情緒一樣，它可能困擾你，主宰你的生活。仇恨遠遠超越了挫敗感，還會讓人誤以為對自己有利。從外在來看，你似乎專注於自己的處境，**表面上**努力（透過憤怒）得到你想要的，擺脫不想要的。但這其實是一種幻覺！

非理性信念（「我必須做得很好，獲得他人的認同，要是做不到，那就太糟了」）所激發的焦慮感，導致你變成「他人導向」（other-directed），而不是「自我導向」（self-directed）。仇恨也有類似的效果。某些人對你不公平，使你非常憤怒，導致你把注意力都集中在**對方**身上，並在過程中幾乎迷失了**自己**。你**似乎**想對自己的生活產生更大的滿足感，但你卻一心想要改變**對方**，傷害**對方**，並幸災樂禍地看著**對方**受到傷害。

如果你意識到這種思維方式，導致你把注意力都放在他人身上，就會明白，你就是因為憎恨別人、並誤以為憎

恨對你有助益，才會弄巧成拙，害自己失敗。意識到這點後，你更容易把焦點拉回你的主要利益上：「既然他們的做法對我不利，我可以做什麼，來讓**我的**日子過得更快樂？」誠如企業家肯‧歐爾森（Ken Olsen）所言：「仇恨是我們以他人的行為，來懲罰及摧毀自己的一種方式。」真是諷刺！確保你把這種諷刺反覆地灌輸到大腦中，直到你以結合自我利益與社會關懷的方式，取代你的憤恨。

以人道的理念過日子，你會發現……

如果你把自己視為人類的一分子，承認所有人都有生存及快樂的權利，而且認為以人道的方式待人，可以讓自己的生活過得更充實、更有意義，那麼即使別人對你很糟，你也不會那麼生氣或苛責別人。當然，這不表示你必須不遺餘力地幫助別人，或為他人犧牲自己。但這確實表示，培養人道價值觀，可以讓你對人不那麼苛刻。

為了培養人道理念，需要記住以下幾點：你厭惡不必要的不公平對待；大部分人都有同樣的感受；關心他人往往會帶來你想要的結果；別人對你不公平，善待他們雖難，但有助於自我成長。即使你不是南丁格爾或聖法蘭西

斯（St. Francis），你也可以在努力讓世界變得更好一點的過程中，找到真正的滿足感。畢竟，追求完全的自利可能會變得單調乏味，關注自身以外的事物則可以增添長期的幸福感，這也是REBT從一開始就一直主張的。若能為社群或社會理念奉獻自己，對你及人類都是助益。

生氣前，想像一下對方可能經歷的痛苦

你生氣時，往往覺得宣洩怒氣很爽快，也以為你生氣是為對方好，最終對方會從中受益。想得美！對方可能難以接受你的怒氣，覺得生理或情感上很痛苦，或太在意你的批評而變得非常消沉。所以，請生動地想像對方可能經歷的痛苦，並用那些想像來阻止自己發怒。畢竟，對方的痛苦對你有什麼好處？

當然，不要走向另一個非理性的極端，為發怒而譴責自己。無論你的行為再怎麼錯誤與「惡劣」，你永遠不會因為做了那件事就成為**惡劣的爛人**。但你的憤怒確實會產生後果，而且往往給脆弱的人帶來殘酷無情的後果。別忘了他人的脆弱。試著去明白，即使別人的行為有害，沒有人理當因為那行為而受你的氣，承受折磨。試著去了解，

折磨對方不見得能讓他們改變不好的行為。

不生氣之後，連人際關係都改善了

不對別人發怒的一個明顯好處是，你可以在不生氣下改善你與他們的關係。然而，怪的是，我們很容易忘了這點，把注意力放在其他可疑的目標上。例如，身為家長，你專注教孩子做正確的事情，並堅持他們**必須**這樣做。因此，孩子做錯事情時，你對他們發火，厲聲要求他們最好改變。結果，親子關係變得很差，孩子確實改變了，但通常是變得更糟！

所以，請提醒自己：「我對別人發怒，通常會激怒對方，鼓勵他們繼續做壞事。但如果我接受他們的不良行為，不要求他們停止那種行徑，我可以跟他們相處得更好，不時當他們的良師益友。我越少發怒，越有可能成為有效教導他人『正途』的老師，我也會有更多的朋友！」

抱持「合作」的人生觀，有什麼好處？

REBT並沒有主張，競爭有害，所以你應該避免競

爭。相反的，它假設你常會希望得到想要的，渴望你得到的比別人多，而且為了獲得東西而犧牲他人。

另一方面，獲得他人的認同或關愛也是一種競爭。你想與某人培養親近的關係，對手也想和那個人培養同樣親近的關係。但你喜歡的那個人只想愛戀一人，所以你和競爭對手一定會有一人是輸家。你應該退出競爭嗎？還是氣憤地與競爭對手爭奪那個唯一的「獎品」？或是處心積慮地打敗對手？你該怎麼做？

REBT的答案通常是，盡你所能去爭取你想要的，從競爭中勝出，但不要堅持認為「你非贏不可，否則你就一無是處，對手就是混蛋」。決心（但不是絕對堅持）獲得你想要的。與此同時，想想更合作的人生觀有什麼好處。有時你和對手都可以贏，你甚至會發現，幫他獲得部分的滿足感是愉快的事。無論你追求的目標是愛情、金錢，還是成功，不見得是你**唯一**的選擇。其他如：與他人分享；一起合作規劃，讓每個人都受益；友善地對待對手，這些也可能成為你的目標。

切記，競爭有弊也有利。競爭需要時間與精力；容易讓你與他人對立；過於強調輸贏。競爭也為第三方帶來明顯的社會後果，例如工會與管理高層為產業利益而競爭

時，大眾受到隨之而來的罷工與停工的影響。更廣義來說，激烈競爭很可能導致國際衝突與戰爭。

REBT主張，你越訓練自己**想要**而不是**需要**，越能夠與社群中的許多個體合作，而不是只和一小群家人合作，而且你越不會感到憤怒。

當然，你可能不渴望合作帶來的滿足感，所以不會與人合作。但是，你至少有兩種可行的選擇。即使你先天偏愛其中一個選擇（單方面競爭），那不表示你必須永遠偏好那個選擇。

除了本書的方法，你還可以……

除了使用本書介紹的REBT和CBT方法以外，你也可以參加研討會、研習班、培訓課程、心理治療方案，來改善憤怒管理技巧。但不是什麼活動都適合！有些熱門的研習班與治療方案（尤其是非專業教練的療程）強調盡情宣洩怒氣，那可能幫倒忙，使你及與你一起生活和共事的人變得更生氣。

不過，有些研習班與治療是強調你應該改變認知行為，修正那些讓你生氣的信念。那種課程與療程可能對你

有很大的幫助。此外，有些課程是教你特定的行為技巧、改善溝通、健康的親子教養技巧等等，你也可以從中受惠。試試本書介紹的方法，可能的話，也探索及實驗其他教你「憤怒大多是自己生成」及「如何減少憤怒」的課程。

Chapter 14

不自責，不壓抑，
接納憤怒的自己

我們希望本書已經清楚說明，如何盡量減少憤怒以及其他困擾你的不健康情緒與行為。然而，犯錯是人之常情，你會不時發現自己故態復萌，又出現那些對自己不利的想法與行為。所以，我們最好來看看，那種情況發生時，你該如何因應自己（與他人）。

假設你已經成功地練習了本書介紹的幾種方法。然而，就在前幾天，老闆又找你麻煩，對你很不公平，你真的很想對他發火。幸好，在你有機會當著他的面抓狂以前，他有事先離開了辦公室。但即使在他離開之後，你還是花了半個多小時才冷靜下來。你回想起他有多惡劣時，就火冒三丈，心跳加速。現在我們來看，在這種情況下，如何處理憤怒更好。

越想越氣的時候，怎麼辦？

首先，你可以完全承認你對老闆感到非常生氣，而不是否認這種情緒的存在，或為這種情緒找理由。你也可以承認，這些感覺主要是**你**造成的，而且你還傻傻地回想那種感覺。是你讓自己生氣，而不是老闆讓你生氣。而且，你這樣做是錯的，太傻了。你當然會覺得老闆那種討厭、

過分挑剔的行為很煩。既然他的行為對你那麼不公平，你怎麼會喜歡？但你為了他的討厭與不公平的行為而生氣，那就沒必要了。

第二，也許更重要的是，你可以努力接納憤怒的自己。你可以承認自己感到憤怒是錯的，但不要因此認定自己很糟糕。你需要明白，你跟其他人一樣，可能做錯事，但你沒必要為那行為責備自己。犯錯是人之常情，你有犯錯的權利，有讓自己生氣的權利，即使生氣並不健康。你要讓自己知道，你這樣做並不是白痴或軟弱。你只是做了蠢事的人，而不是愚蠢的人。

告訴自己：「我被老闆惹怒，這是一種對自己不利的行為，但我可以這樣做，我身為凡人，有權做那種傻事。我的行為是錯的，但我不是差勁的爛人。」換句話說，接納自己，但**不**接納自己的行為。完全承認那行為的愚蠢，坦承那種行為帶給你的傷害很可能比效益還多。

檢討你的憤怒，了解為什麼它會帶來傷害。比方說，憤怒讓你「感到痛苦」，它無法幫你解決你和老闆之間的問題，很可能使你們的關係更加惡化，甚至導致生理問題（高血壓等）。它讓你滿腦子都想著老闆及他明顯不理性的作為，使你無法專心把工作做得更好，很難想辦法讓老

闆滿意。它在多方面都破壞了你的效率。

如果你下定決心，即使你有憤怒問題，還是要接納**自己**，接納自己是容易犯錯的凡人，你很容易就會承認憤怒是不好的、是傷害自己的情緒。但是，如果你因憤怒問題而一直責備自己，否定你整個人，你很可能會否認與壓抑憤怒，並為憤怒找藉口。你會發現你難以因應憤怒，並認為生氣是糟糕、但可改正的問題。

回想一下，是哪些錯誤的想法讓你自己生氣。下定決心以後換成別的想法，並在腦海中練習這樣做。現在你明白，你**要求**老闆必須對你好、對你公平，當他達不到你的要求時，你告訴自己：「太過分了！他沒有權利做我不希望他做的事情，我受不了他的愚蠢！我希望他去死！」

現在在D點（駁斥），你自問：「為什麼老闆做討厭、不公平的事情就很**惡劣**？為什麼他**沒有權利**這樣做？我應該證明我真的**受不了**他的愚蠢。他真的是壞蛋，應該去死，好讓我高興嗎？」

你的回答：「老闆做討厭、不公平的事情並不惡劣，只是很煩！麻煩死了！他**確實**有權以任何方式行事。即使他做錯了，即使我不喜歡他的行為，但我完全**可以**忍受。我得罪他時，我當然不是壞人；同理，他惹火我時，他也

不是壞人！」

　　注意，藉由使用REBT的ABC處理法來解決問題，你沒有選擇對自己的憤怒不負責任（不負責反而會鼓勵你未來發怒）。你坦承憤怒，也承認發怒是錯的。你已經試圖了解**你**做了什麼讓自己生氣，以及未來你可以做什麼以避免再次激怒自己。這才是重點。也就是說，你透過底下的種種方式，接納了憤怒：**了解**憤怒；明白人很容易、很自然就會激怒自己；**承認**是你自己創造了憤怒；**告訴自己如何駁斥憤怒**。

用務實的方法，無害地釋放怒火

　　一旦你開始承認及駁斥導致憤怒的非理性信念，就可以採用務實的方法，無害地釋放一些怒火，也許那也可以促使你生氣的對象反省他們的行為。以下是你可以做的事情：

1. 以「我訊息」、而不是「你訊息」，對你生氣的對象溫和堅定地表達主張。如果你討厭老闆叫你加班又不付加班費。不要對他說：「你一直叫我加班，

這樣對我不公平！我實在無法理解，你怎麼可以這麼做！」那樣講是直接指責他的「惡劣」行為，並且以為他知道這樣做不好，所以**絕對不該**那樣做。你的指責很難促使他好好聽你說話。

相反的，你可以用「我訊息」傳達同樣的意思：「我覺得我一直被要求加班，沒有加班費，我不喜歡這樣。我在想，這樣公平嗎？從我的觀點來看，這不太公平，我想知道你怎麼看這件事。」這種「我訊息」表達了你的感覺，顯示你認為某事是錯的，但表達得很婉轉。它透露出你的不滿，但不是強烈的憤怒，即使你說出口時很生氣。

2. 當你生氣的對象似乎不知道自己的行為不好時，盡量以有威信的口吻對他說話，而不是以高高在上的威權口吻說話。例如，如果有員工老是遲到，不要對他說：「為什麼老是遲到？你明知道我們這裡是不許遲到的！」你可以這麼說：「我不知道你剛來公司時，有沒有明確告訴過你，公司嚴格要求上班要準時。任何人只要遲到幾次，即使只是遲到幾分鐘，也會被主管叫去談話。之後再繼續遲到的話，就要受罰。公司實行這個規定已經很久了，而且覺

得繼續實施下去很好，所以我才找你來談你遲到的問題。」

或者，一個同學老是借你的作業去抄，你對此感到很生氣，你可以對他說：「也許你不認同作業規定，覺得那規定很蠢。但我發現，除非我按時做作業，否則上課聽不太懂。我覺得學習這門課最好的方法，是自己做練習。所以，我覺得借作業給你抄，對你沒什麼好處。你這樣做，是害了你自己。所以，我想，我以後不會再借你作業了。」這樣講比你用下面這種高高在上的命令口吻好多了：「嘿！這門課不要抄別人的作業，那樣做是不對的！」

3. 有人責備你，你很生氣，但你克制自己，沒有反過來指責對方，你通常會過得比較好。雖然反嗆對方往往讓你覺得很爽快，但你不會得到比較好的結果。那通常會讓你更生氣，也使對方更討厭你。所以，最好的回應方式包括：看似認同對方的指責；忽視對方的指責；部分認同對方的指責；或是以堅定但平靜的方式告訴對方，你不是很在意、也不認同他的指責。

例如，某個熟識嘲笑你的穿著，你可以這樣回應：一、「沒錯，我的外套是比較花一點。」二、「我知道你真的不喜歡我這身打扮。」三、「我想，我的外套確實有點花，但我覺得很時髦，很亮眼。」四、「我懂你的意思，其他人可能也有同樣的看法，但我覺得這種事情不重要。」五、「顯然我們對花俏的定義不一樣。」六、「你可能覺得這很花，但這年頭幾乎每個人都穿這種顏色，所以即使你說得沒錯，我還是會跟著潮流走。」

如此回應對方，你既堅持了自己的立場，又不會激怒別人。即使你這樣回應時很生氣，但這種回應通常會讓你冷靜下來，不再那麼生氣。這樣回應永遠不失原則，因為即使對方覺得你軟弱，那可能是他的問題，你永遠沒必要感覺自己不如人。

4. 自我肯定訓練專家赫伯特‧芬斯特罕（Herbert Fensterheim）與珍‧貝爾（Jean Baer）正確地指出，這不表示你因別人責備而生氣時，最好道歉或討厭自己。有人批評你的穿衣品味時，你不會回答：「是啊，我猜確實有人因為我穿這麼花而看不起我。」或「你說得對，我品味太差。」這種軟弱

的表現可能促使批評者進一步貶抑你，也給其他人樹立壞榜樣。我（艾里斯）在《如何與神經質的人們共處》一書中建議，試著採取堅定的和善態度，不是不堅定的和善或堅定的不和善，而是堅定的和善。不管別人怎麼看你，都維持你的原則。

5. 偶爾，你會覺得以諷刺、刻薄或批評的態度，來回應對方的貶抑最好。因為在某些群體中（例如強硬的街頭幫派），如果你不堅決捍衛自己，還以德報怨的話，對方會認為你軟弱，可能會一再貶抑你。然而，即使別人明顯侮辱了你，你對此感到憤怒，最好還是把這種諷刺性的反駁當成例外，而不是常態。

6. 處理憤怒時，不要追求完美。你對別人感到憤怒時，不必要求自己一定要「得體」地因應對方。有時你難免會反駁不當或表現得很軟弱。有時你因為太生氣，而以一種極度壓抑、快要爆炸的方式回應別人。這是很可能的！生氣時能夠優雅地處理，不衝動行事，那當然很好。但有時你難免會失態，你肯定會的！

除了學會接納憤怒的自己以外，也要學會接納有弱

點的自己。你的愚蠢只反映出你是常人（達文西、牛頓、愛因斯坦也常做蠢事，你也會）。

7. 務必使自己減少憤怒。你不可能做到完全不發怒，但可以讓自己不要那麼常生氣或一直沉浸在怒火中。你可以試著練習，不要輕易放棄。練習說服自己消消氣，也試著說服好友與同事息怒。如果你能教他們如何減少憤怒，他們可能成為你減少憤怒的榜樣。

8. 當你確實感到憤怒時，試著對自己與他人承認這點。當然，不必每次都這樣做！如果你是對校長或老闆很生氣，最好假裝你沒生氣。但面對朋友與同事時，你就可以坦白說出來。承認你有多生氣，也坦承是**你**讓自己生氣，你就不必浪費時間與精力壓抑怒火、隱瞞憤怒，你可以把那些時間與精力拿來面對憤怒，想辦法減少憤怒。

你可以生氣，但也能好好過日子

如果你希望自己憤怒時依然好好過日子，一些減少憤怒的方法也可以達到同樣的效果。無論你是想減少情緒困

擾，還是想在情緒發酵的當下過得更快樂，REBT方法都適用，運作上大同小異。霍克在談REBT的著作《克服挫折與憤怒》中，提出幾項避免憤怒的實用方法。如果你努力減少憤怒時，依然很生氣，又希望日子能過得快樂一些，那些方法也可以幫上忙。

例如，霍克指出，義憤填膺不是讓自己繼續憤怒的好藉口，因為所有的憤怒通常都帶有理直氣壯的正義成分。「事實上，如果你不是覺得自己的看法完全正確、別人的看法全然錯誤的話，你一開始也不會生氣。這道理不僅適用在人身上，也適用在事物與自然現象上。你憤怒地踹了爆胎一腳，其實是想告訴世界，這個輪胎沒有權利對你爆胎，它在耍卑鄙下流的把戲，這麼惡劣的輪胎是活該被踢。」

了解你的義憤填膺及面對這種愚蠢表現，有助於你停止踹輪胎，也幫你以幽默的方式承認憤怒，接納憤怒，把它視為人性的一部分，犯錯乃人之常情。

REBT以及霍克與巴德・奈都建議，你可以對他人的**行為**生氣，但不要對**行為者**生氣。把你自己也視為行為者！如果你對某些嚴重的缺陷感到非常不滿，你可以鼓勵自己與他人改正那些缺陷，善用你性格中有建設性的那些

面向。只要不是譴責，犀利的批評也可以促成問題的解決。

霍克在《克服挫折與憤怒》一書中引用REBT的一句格言：「原諒一切，諸事不忘。」說得好！例如，如果你原諒傑克與瓊恩對你爽約，把他們視為**行為**失當的人，你會記住這次遺憾的經驗，以此為鑒，以避免日後遇到類似的不公事件。這樣一來，你擺脫了對他們（**行為者**）的憤怒，雖然你還是對他們（及其他人）的行為感到生氣，但你可以好好地過日子。

你有非凡的能力，
可以控制憤怒

　　所有減少憤怒的方式，以及就算生氣也能繼續好好過日子的方法，都只在某些時候對某些人有效。沒有一種方法是完美的，每一種都有局限。你身為獨特的個體，會發現有些方法很有效，有些方法效果不彰。我們建議你積極嘗試本書介紹的許多技巧，看哪一種技巧最適合你。

　　這些減少憤怒的方法經過臨床與科學驗證，可以幫你減少憤怒、過得更好、減輕痛苦，但有沒有可能你努力練習了老半天，依然憤怒行事？很有可能，只要你接受底下這個REBT的主要理論就有可能：人生在世，你會經常遇到嚴重的問題及不公平的事情，很多情況不是你造成的，但你的確會對這些事情產生不必要的憤怒。

　　一旦你承認，是你自己製造出這些憤怒（更遑論其他的惱人情緒了），你就已經準備好，運用你天生解決問題

的能力以及追求快樂的天性。你可以專注解決生活中的困難，而不是為這些問題抓狂。你會發現，雖然憤怒看似操縱著你，但你有非凡的能力控制它、減少它。一旦你明白這點，你就可以訓練自己不那麼生氣了。

　　你可能會發現，你甚至不需要做到這樣。前面提過，你可以學習帶著憤怒繼續好好過日子。只要你喜歡，你可以做到這裡就好。你**不需要**在每次發怒時，都設法讓自己息怒。你可以接納自己的憤恨情緒，這種接納的態度能帶來很大的幫助。然而，你往往會發現，當你做到這一步時（生氣時絕不責備自己，積極尋找解決問題的方法，而不是糾結於生活中那些「惡劣」的不公平事件），你很可能會想要進入下一個更優雅的階段：擺脫憤怒，以更寬容、而非譴責的態度對待世界與大家。這並不是說你非得這樣做不可，但何不試試看呢？

REBT 自助表

A（促發事件）

- 概述令你心煩意亂的情況。（如果有攝影鏡頭，那會呈現什麼畫面？）
- A可以是**內在**或**外在**的，**真實**或**想像**的。
- A可以是**過去**、**現在**或**未來**的事件。

IB（非理性信念）	D（駁斥非理性信念）

找出 IB，尋找：

- 固執的要求（必須、絕對、應該）。
- 糟糕化（太糟，太爛，太惡劣）。
- 挫折容忍力低下（我受不了）。
- 評價自己或他人（我／他很糟，一無是處）。

駁斥時自問：

- 我這樣想，對我有什麼用處？這種信念對我**有利**、還是**不利**？
- 有什麼**證據**可以證實這種非理性信念？這種信念與事實**相符**嗎？
- 我的信念**合理**嗎？那是不是我個人偏好造成的？
- 真的有那麼**糟**嗎（糟到不能再糟了嗎）？
- 我真的**受不了**嗎？

C（結果）

主要的不健康負面情緒：

主要對自己不利的行為：

不健康的負面情緒包括：

- 焦慮、憂鬱、憤怒、挫折容忍力低下、羞恥／難堪、受傷、嫉妒、內疚。

RB（理性信念）	E（新的效果）
	新的健康負面情緒： 新的建設性行為：

為了讓思維更理性，努力做到：

- 保持有彈性的偏好（希望、想要、渴望）。
- 檢視糟糕的情況（把它評價為不好、令人遺憾的）。
- 挫折容忍力高（我不喜歡這樣，但是我可以忍受）。
- 不要全盤否定自我或他人（我和其他人都會犯錯，犯錯是人之常情）。

健康的負面情緒包括：

- 失望。
- 擔憂。
- 心煩。
- 傷心。
- 遺憾。
- 沮喪。

A（促發事件）

老闆嚴厲批評我，對我很不公平。

- 概述令你心煩意亂的情況。（如果有攝影鏡頭，那會呈現什麼畫面？）
- A可以是**內在**或**外在**的，**真實**或**想像**的。
- A可以是**過去**、**現在**或**未來**的事件。

IB（非理性信念）

他永遠不該這樣對我！
我受不了這種不公平的對待！
他是一個很討厭、很惡劣的人！

D（駁斥非理性信念）

有什麼證據證明老闆必須公平對待我？
由於他對我不公平，我受不了，所以就完全無法快樂過日子了嗎？
由於他對我不好，他就是很惡劣的人嗎？
抱持這種非理性信念究竟是對我有幫助，還是阻礙我？

找出IB，尋找：

- 固執的要求（必須、絕對、應該）。
- 糟糕化（太糟，太爛，太惡劣）。
- 挫折容忍力低下（我受不了）。
- 評價自己或他人（我／他很糟，一無是處）。

駁斥時自問：

- 我這樣想，對我有什麼用處？這種信念對我**有利**、還是**不利**？
- 有什麼證據可以證實這種非理性信念？這種信念與事實**相符**嗎？
- 我的信念**合理**嗎？那是不是我個人偏好造成的？
- 真的有那麼**糟**嗎（糟到不能再糟了嗎）？
- 我真的**受不了**嗎？

C（結果）

> 主要的不健康負面情緒：
>
> 憤怒。
>
> 主要對自己不利的行為：
>
> 曠職三天，生悶氣。

不健康的負面情緒包括：

- 焦慮、憂鬱、憤怒、挫折容忍力低下、羞恥／難堪、受傷、嫉妒、內疚。

RB（理性信念）

沒有證據證明老闆必須公平對我。

即使他對我不公平，我還是可以忍受，繼續快樂地過日子。

他對我不公平，這表示他是一個對人不好的人，但是他也做了許多其他的事情，所以他不算是完全惡劣的人。

抱持這種非理性的信念並不會讓他改變，只會讓我生氣，以及促使他對我更不好。

E（新的效果）

新的健康負面情緒：

失望、沮喪。

新的建設性行為：

自信、不生氣地與老闆當面對質。

為了讓思維更理性，努力做到：

- 保持有彈性的偏好（希望、想要、渴望）。

- 檢視糟糕的情況（把它評價為不好、令人遺憾的）。

- 挫折容忍力高（我不喜歡這樣，但是我可以忍受）。

- 不要全盤否定自我或他人（我和其他人都會犯錯，犯錯是人之常情）。

健康的負面情緒包括：

- 失望。

- 擔憂。

- 心煩。

- 傷心。

- 遺憾。

- 沮喪。

精選參考文獻

注：底下的參考文獻中，前面有一顆星號（＊）的項目，是推薦給想要進一步了解REBT與CBT的讀者。前面有兩顆星號（＊＊）的項目，是REBT與CBT的自助書籍與教材。前面有打勾記號（✓）的項目是有關憤怒的資訊和素材。這裡頭有許多資料取自艾里斯學院（地址：NY 10016紐約市東三十二街145號9樓）。該機構的免費目錄及發行的教材可以在週間來電索取（212-535-0822）；www.albertellis.org；info@albertellis.org。除了這些資料與相關教材以外，學院亦開設講座、研討班、培訓課程，以及提供人類成長與健康生活領域的演講，並把這些資訊列入目錄中。另一方面，這裡列出的許多參考文獻，在本書正文中並未提及，尤其是一些自助教材。

＊Abrams, M., and Ellis, A. (1994). "Rational Emotive Behavior Therapy in the Treatment of Stress." *British Journal of Guidance and Counseling*, 22 (pp. 39–50).

＊＊Alberti, R. F., and Emmons, M. L. (2008). *Your Perfect Right*, 9th ed. San Luis Obispo, CA: Impact.

＊Ansbacher, H. L., and Ansbacher, R. (1956). *The Individual Psychology of Alfred Adler*. New York: Basic Books.

✓Averill, J.R. (1983). "Studies on Anger and Aggression: Implications for Theories of Emotion." *American Psychologist* 38 (pp. 1145–60).

＊＊Baldon, A., and Ellis, A. (1993). *RET Problem Solving Workbook*. New York: Institute for Rational-Emotive Therapy.

＊Bandura, A. (1986). *Social Foundations of Thought and Action: A Social Cognitive Theory*. Englewood Cliffs, NJ: Prentice-Hall.

＊Barlow, D. H. (1989). *Anxiety and Its Disorders: The Nature and Treatment of Anxiety and Panic*. New York: Guilford.

＊＊Barlow, D. H., and Craske, M. G. (1994). *Mastery of Your Anxiety and Panic*. San Antonio, TX: The Psychological Corporation.

*Beck, A. T. (1976). *Cognitive Therapy and the Emotional Disorders.* New York: International Universities Press.

** _____(1988). *Love Is Not Enough.* New York: Harper & Row.

*Beck, A. T., and Emery, G. (1985). *Anxiety Disorders and Phobias.* New York: Basic Books.

*Beck, J. S. (2011). *Cognitive Therapy: Basics and Beyond.* 2nd ed. New York: Guilford Press.

*Bernard, M. E., ed. (1991). *Using Rational-Emotive Therapy Effectively: A Practitioner's Guide.* New York: Plenum.

** _____(1993). *Staying Rational in an Irrational World.* New York: Carol Publishing.

*Bernard, M. E., and DiGiuseppe, R., eds. (1989). *Inside RET: A Critical Appraisal of the Theory and Therapy of Albert Ellis.* San Diego, CA: Academic Press.

*Bernard, M. E., and Wolfe, J. L., eds. (1993). *The RET Resource Book for Practitioners.* New York: Institute for Rational-Emotive Therapy.

*Blau, S. F. (1993). "Cognitive Darwinism: Rational-Emotive Therapy and the Theory of Neuronal Group Selection." *ETC: A Review of General Semantics* 50 (pp. 403–41).

**Bloomfield, H. H., and McWilliams, P. (1994). *How to Heal Depression.* Los Angeles: Prelude Press.

Boorstin, D. J. (1970, July 6). "A Case of Hypochondria." *Newsweek* (pp. 27–29).

**Broder, M. S. (1994). *The Art of Staying Together.* New York: Avon.

**Broder, M. (Speaker) (1995a). *Overcoming Your Anger in the Shortest Period of Time.* Cassette recording. New York: Institute for Rational-Emotive Therapy.

** _____(Speaker) (1995b). *Overcoming Your Anxiety in the Shortest Period of Time.* Cassette recording. New York: Institute for Rational-Emotive Therapy.

** _____(Speaker) (1995c). *Overcoming Your Depression in the Shortest Period of Time.* Cassette recording. New York: Institute for Rational-Emotive Therapy.

**Burns, D. D. (1980). *Feeling Good: The New Mood Therapy.* New York: Morrow.

** _____(1989). *The Feeling Good Handbook.* New York: Plume.

** _____(1993). *Ten Days to Self-Esteem.* New York: Morrow.

Cannon, W. B. (1932). *The Wisdom of the Body.* New York: Norton.

**Covey, S. R. (1992). *The Seven Habits of Highly Effective People.* New York: Simon & Schuster.

*Crawford, T., and Ellis, A. (1989). "A Dictionary of Rational-Emotive Feelings and Behaviors." *Journal of Rational-Emotive and Cognitive-Behavioral Therapy* 7 (1) (pp. 3–27).

**Danysh, J. (1974). *Stop Without Quitting.* San Francisco: International Society for General Semantics.

Davis, M., Eshelman, E. R., and McKay, M. (1988). *The Relaxation and Stress Reduction Workbook.* Oakland, CA: New Harbinger Publications.

✓*Deffenbacher, J. (1995). "Ideal Treatment Package for Adults With Anger Disorders." In H. Kassinove, ed., *Anger Disorders: Definition, Diagnosis, and Treatment* (pp. 151–72). Washington, D.C.: Taylor and Francis.

✓*Deffenbacher, J. L. (2006). "Evidence for effective treatment of anger-related disorders." In E. L. Feindler, ed. *Anger Related Disorders: A Practitioner's Guide to Comparative Treatments.* New York, NY: Springer.

✓Deffenbacher, J. L., and Stark, R. S. (1992). "Relaxation and Cognitive-Relaxation Treatments of General Anger." *Journal of Counseling Psychology* 39 (2) (pp. 158–67).

✓Deffenbacher, J. L., and McKay, M. (2000). *Overcoming situational and general anger: A protocol for the treatment of anger based on relaxation, cognitive restructuring, and coping skills training.* Oakland, CA: New Harbinger.

✓Del Vecchio, T., and O'Leary, D. (2004). "Effectiveness of anger treatments for specific problems: A meta-analytic review." *Clinical Psychology Review, 24,* 15–34.

✓**DiGiuseppe, R. (Speaker) (1990). *What Do I Do With My Anger: Hold It In or Let It Out?* Cassette recording. New York: Institute for Rational-Emotive Therapy.

*_____(1991a). "Comprehensive Cognitive Disputing in RET." In M. E. Bernard, ed., *Using Rational-Emotive Therapy Effectively* (pp. 173–96). New York: Plenum.

**_____(Speaker)(1991b). *Maximizing the Moment: How to Have More Fun and Happiness in Life.* Cassette recording. New York: Institute for Rational-Emotive Therapy.

✓*DiGiuseppe, R., Tafrate, R., and Eckhardt, C. (1994). "Critical Issues in the Treatment of Anger." *Cognitive and Behavioral Practice* 1 (pp. 111–32).

✓DiGiuseppe, R., and Tafrate, R. (2003). "Anger treatment for adults: A meta-analytic review." *Clinical Psychology: Science and Practice, 10,* 70–84.

✓_____(2007). *Understanding anger disorders.* New York, NY: Oxford University Press.

DiMattia, D. (1991). *Rational Effectiveness Training.* New York: Institute for Rational-Emotive Therapy.

DiMattia, D., and Ijzermans, T. (1996). *Reaching Their Minds: A Trainer's Manual for Rational Effectiveness Training* New York: Institute for Rational-Emotive Therapy.

*DiMattia, D., and Lega, L., eds. (1990). *Will the Real Albert Ellis Please Stand Up? Anecdotes by His Colleagues, Students and Friends Celebrating His 75th Birthday.* New York: Institute for Rational-Emotive Therapy.

**DiMattia, D. J., and others (Speakers). (1987). *Mind Over Myths: Handling Difficult Situations in the Workplace*. Cassette recording. New York: Institute for Rational-Emotive Therapy.

✓Dolnick, E. (1995) "Hotheads and Heart Attacks." *Health*. July/August (pp. 58–64).

✓*Dryden, W. (1990). *Dealing With Anger Problems: Rational-Emotive Therapeutic Interventions*. Sarasota, FL: Professional Resource Exchange.

**_____(1994). *Overcoming Guilt!* London: Sheldon.

*_____(1995a). *Brief Rational-Emotive Behavior Therapy*. London: Wiley.

*_____, ed. (1995b). *Rational Emotive Behavior Therapy: A Reader*. London: Sage.

*Dryden, W., Backx, W., and Ellis, A. (1987). "Problems in Living: The Friday Night Workshop." In W. Dryden, *Current Issues in Rational Emotive Therapy* (pp.154–70). London and New York: Croom Helm.

*Dryden, W., and DiGiuseppe, R. (1990). *A Primer on Rational-Emotive Therapy*. Champaign, IL: Research Press.

*Dryden, W., and Ellis, A. (1989). Albert Ellis: "An Efficient and Passionate Life. *Journal of Counseling and Development* 67 (pp. 539–46). New York: Institute for Rational-Emotive Therapy.

**Dryden, W., and Gordon, J. (1991). *Think Your Way to Happiness*. London: Sheldon Press.

**_____(1993). *Peak Performance*. Oxfordshire, England: Mercury.

*Dryden, W., and Hill, L. K., eds. (1993). *Innovations in Rational-Emotive Therapy*. Newbury Park, CA: Sage.

*Dryden, W., and Neenan, M. (1995). *Dictionary of Rational-Emotive Behavior Therapy*. London: Whurr Publishers.

*Dryden, W., and Yankura, J. (1992). *Daring to Be Myself: A Case Study in Rational-Emotive Therapy*. Buckingham, England, and Philadelphia, PA: Open University Press.

*_____(1994). *Albert Ellis*. London: Sage.

✓Eifert, G. H., McKay, M., and Forsyth, J. P. (2006). *ACT on life not on anger*. Oakland, CA: New Harbinger.

**Ellis, A. (1957). *How to Live With a "Neurotic": At Home and at Work*. New York: Crown. Rev. ed., Hollywood, CA: Wilshire Books, 1975.

**_____(1972a). *Executive Leadership: The Rational-Emotive Approach*. New York: Institute for Rational-Emotive Therapy.

*_____(1972b). "Helping People Get Better Rather Than Merely Feel Better." *Rational Living* 7 (2) (pp. 2–9).

**_____(1972c). *How to Master Your Fear of Flying*. New York: Institute for Rational-Emotive Therapy.

**_____(Speaker) (1973a). *How to Stubbornly Refuse to Be Ashamed of Anything*. Cassette recording. New York: Institute for Rational-Emotive Therapy.

*_____(1973b). *Humanistic Psychotherapy: The Rational-Emotive Approach.*
New York: McGraw-Hill.
**_____(Speaker) (1973c). *Twenty-one Ways to Stop Worrying.* Cassette
recording. New York: Institute for Rational-Emotive Therapy.
**_____(Speaker) (1974). *Rational Living in an Irrational World.* Cassette
recording. New York: Institute for Rational-Emotive Therapy.
*_____(1976a). "The Biological Basis of Human Irrationality." *Journal of
Individual Psychology* 32 (pp. 145–68). Reprinted: New York: Institute
for Rational-Emotive Therapy.
**_____(Speaker) (1976b). *Conquering Low Frustration Tolerance.* Cassette
recording. New York: Institute for Rational-Emotive Therapy.
**_____(Speaker) (1977a). *Conquering the Dire Need For Love.* Cassette
recording. New York: Institute for Rational-Emotive Therapy.
*_____(1977b). "Fun as Psychotherapy." *Rational Living* 12 (1) (pp. 2–6).
Also: Cassette recording. New York: Institute for Rational-Emotive
Therapy.
**_____(Speaker) (1977c). *A Garland of Rational Humorous Songs.* Cassette
recording and song book. New York: Institute for Rational-Emotive Therapy.
**_____(1978). *I'd Like to Stop But ... Dealing With Addictions.* Cassette
recording. New York: Institute for Rational-Emotive Therapy.
**_____(1979a). *The Intelligent Woman's Guide to Dating and Mating.*
Secaucus, NJ: Lyle Stuart.
*_____(1979b). "Rational-Emotive Therapy: Research Data That Sup-
port the Clinical and Personality Hypotheses of RET and Other Modes of
Cognitive-Behavior Therapy." In A. Ellis and J. M. Whiteley, eds.,
Theoretical and Empirical Foundations of Rational-Emotive Therapy
(pp. 101–73). Monterey, CA: Brooks/Cole.
**_____(Speaker) (1980c). *Twenty-two Ways to Brighten Up Your Love Life.*
Cassette recording. New York: Institute for Rational-Emotive Therapy.
**_____(Speaker) (1982). *Solving Emotional Problems.* Cassette recording.
New York: Institute for Rational-Emotive Therapy.
*_____(1985a). *Intellectual Fascism.* New York: Institute for Rational-
Emotive Therapy. Rev. 1991.
*_____(1985b). *Overcoming Resistance: Rational-Emotive Therapy With
Difficult Clients.* New York: Springer.
*_____(1987a). "The Evolution of Rational-Emotive Therapy (RET) and
Cognitive-Behavior Therapy (CBT)." In J. K. Zeig, ed., *The Evolution
of Psychotherapy* (pp. 107–32). New York: Brunner/Mazel.
*_____ (1987b). "A Sadly Neglected Cognitive Element in Depression." *Cog-
nitive-Therapy and Research* 11 (pp. 121–46).
*_____ (1987c). "The Use of Rational Humorous Songs in Psychotherapy."
In W. F. Fry Jr. and W. A. Salamed, eds., *Handbook of Humor and Psycho-
therapy* (pp. 265–87). Sarasota, FL: Professional Resource Exchange.

*_____(1988a). *How to Stubbornly Refuse to Make Yourself Miserable About Anything—Yes, Anything!* Secaucus, NJ: Lyle Stuart.

**_____(Speaker) (1988b). *Unconditionally Accepting Yourself and Others.* Cassette recording. New York: Institute for Rational-Emotive Therapy.

*_____(1989a). "Comments on My Critics." In M. E. Bernard and R. Di-Giuseppe, eds., *Inside Rational-Emotive Therapy* (pp. 199–233). San Diego, CA: Academic Press.

*_____(1989b). "The History of Cognition in Psychotherapy." In A. Freeman, K. M. Simon, L. E. Beutler, and H. Aronowitz, eds., *Comprehensive Handbook of Cognitive Therapy* (pp. 5–19). New York: Plenum.

**_____(Speaker) (1990a). *Albert Ellis Live at the Learning Annex.* Cassette recording. New York: Institute for Rational-Emotive Therapy.

*_____(1990b). "My Life in Clinical Psychology." In C. E. Walker, ed., *History of Clinical Psychology in Autobiography* (pp. 1–37). Homewood, IL: Dorsey.

*_____(1991a). "Achieving Self-Actualization." *Journal of Social Behavior and Personality* 6 (5) (pp. 1–18). Reprinted, New York: Institute for Rational-Emotive Therapy, 1993.

**_____(Speaker) (1991b). *How to Get Along With Difficult People.* Cassette recording. New York: Institute for Rational-Emotive Therapy.

**_____(Speaker) (1991c). *How to Refuse to Be Angry, Vindictive, and Unforgiving.* Cassette recording. New York: Institute for Rational-Emotive Therapy.

*_____(1991d). "The Revised ABCs of Rational-Emotive Therapy." In J. Zeig, ed., *The Evolution of Psychotherapy: The Second Conference* (pp. 79–99). New York: Brunner/Mazel. Expanded version: *Journal of Rational-Emotive and Cognitive-Behavior Therapy*, 1991, 9 (pp. 139–72).

**_____(1991e). *Self-Management Workbook: Strategies for Personal Success.* New York: Institute for Rational-Emotive Therapy.

*_____(1991f). "Using RET Effectively: Reflections and Interview." In M. E. Bernard, ed., *Using Rational-Emotive Therapy Effectively* (pp. 1–33). New York: Plenum.

*_____(1992a). "Brief Therapy: The Rational-Emotive Method." In S. H. Budman, M. F. Hoyt, and S. Fiedman, eds., *The First Session in Brief Therapy* (pp. 36–58). New York: Guilford.

**_____(1992b). Foreword to Paul Hauck, *Overcoming the Rating Game* (pp. 1–4). Louisville, KY: Westminster/John Knox.

**_____(Speaker) (1992c). *How to Age With Style.* Cassette recording. New York: Institute for Rational-Emotive Therapy.

*_____(1992d). "Group Rational-Emotive and Cognitive-Behavioral Therapy." *International Journal of Group Psychotherapy* 42 (pp. 63–80).

*_____(1993a). "The Advantages and Disadvantages of Self-Help Therapy Materials." *Professional Psychology: Research and Practice* 24 (pp. 335–39).

*_____(1993b). "Changing Rational-Emotive Therapy (RET) to Rational Emotive Behavior Therapy (REBT)." *Behavior Therapist* 16 (pp. 257–58).

*_____(Speaker) (1993c). *Coping With the Suicide of a Loved One.* Videocassette. New York: Institute for Rational-Emotive Therapy.

*_____(1993d). "Fundamentals of Rational-Emotive Therapy for the 1990s." In W. Dryden and L. K. Hill, eds., *Innovations in Rational-Emotive Therapy* (pp. 1–32). Newbury Park, CA: Sage Publications.

*_____(1993e). "General Semantics and Rational-Emotive Behavior Therapy." *Bulletin of General Semantics* 58 (pp. 12–28). Also in P. D. Johnston, D. D. Bourland Jr., and J. Klein, eds., *More E-Prime* (pp. 213–40). Concord, CA: International Society for General Semantics.

**_____(Speaker) (1993f). *How to Be a Perfect Non-Perfectionist.* Cassette recording. New York: Institute for Rational-Emotive Therapy.

**_____(Speaker) (1993g). *Living Fully and in Balance: This Isn't a Dress Rehearsal—This Is It!* Cassette recording. New York: Institute for Rational-Emotive Therapy.

*_____(1993h). "Rational Emotive Imagery: RET Version." In M. E. Bernard and J. L. Wolfe, eds., *The RET Source Book for Practitioners* (pp. II8–II10). New York: Institute for Rational-Emotive Therapy.

*_____(1993i). "The Rational-Emotive Therapy (RET) Approach to Marriage and Family Therapy." *Family Journal: Counseling and Therapy for Couples and Families* 1 (pp. 292–307).

*_____(1993j). "Reflections on Rational-Emotive Therapy." *Journal of Consulting and Clinical Psychology* 61 (pp. 199–201).

**_____(Speaker) (1993k). *Releasing Your Creative Energy.* Cassette recording. New York: Institute for Rational-Emotive Therapy.

*_____(1993l). "Vigorous RET Disputing." In M. E. Bernard and J. L. Wolfe, eds., *The RET Resource Book for Practitioners* (pp. II17). New York: Institute for Rational-Emotive Therapy.

*_____(1994a). "Rational Emotive Behavior Therapy Approaches to Obsessive-Compulsive Disorder (OCD)." *Journal of Rational-Emotive and Cognitive-Behavior Therapy* 12 (pp. 121–41).

*_____(1994b). *Reason and Emotion in Psychotherapy.* Revised and updated. New York: Birch Lane Press.

*_____(1994c). "The Treatment of Borderline Personalities With Rational-Emotive Behavior Therapy." *Journal of Rational-Emotive and Cognitive-Behavior Therapy* 12 (pp. 101–19).

*_____(1995). "Rational-Emotive Behavior Therapy." In R. Corsini and D. Wedding, eds., *Current Psychotherapies* (pp. 162–96). Itasca, IL: Peacock.

**_____(1996a). *REBT Diminishes Much of the Human Ego.* New York: Albert Ellis Institute.

*_____(1996b). "Responses to Criticisms of Rational Emotive Behavior Therapy (REBT)." *Journal of Rational and Cognitive Behavior Therapy* 14 (pp.97–121).

*_____(1996c). "Transcript of Demonstration Session II." In W. Dryden, *Learning From Demonstration Sessions* (pp. 91–117). London: Whurr.

**Ellis, A., and Abrams, M. (1994). *How to Cope With a Fatal Illness.* New York: Barricade Books.

**Ellis, A., Abrams, M., and Dengelegi, L. (1992). *The Art and Science of Rational Eating.* New York: Barricade Books.

**Ellis, A., and Becker, I. (1982). *A Guide to Personal Happiness.* North Hollywood, CA: Wilshire Books.

*Ellis, A., and Bernard, M. E., eds., (1985). *Clinical Applications of Rational-Emotive Therapy.* New York: Plenum.

*Ellis, A., and DiGiuseppe, R. (Speakers) (1994). *Dealing With Addictions.* Videotape. New York: Institute for Rational-Emotive Therapy.

**Ellis, A., and DiMattia, D. (1991). *Self-Management: Strategies for Personal Success.* New York: Institute for Rational-Emotive Therapy.

*Ellis, A., and Dryden, W. (1990). *The Essential Albert Ellis.* New York: Springer.

*_____(1991). *A Dialogue With Albert Ellis: Against Dogma.* Philadelphia: Open University Press.

*_____(1997). *The Practice of Rational Emotive Behavior Therapy.* New York: Springer.

Ellis, A., Gordon, J., Neenan, M., and Palmer, S. (1997). *Stress Counseling: A Rational-Emotive Behavior Approach.* London: Cassell. New York: Springer.

*Ellis, A., and Grieger, R. eds. (1986). *Handbook of Rational-Emotive Therapy,* vol. 2. New York: Springer.

**Ellis, A., and Harper, R. A. (1961). *A Guide to Successful Marriage.* North Hollywood, CA: Wilshire Books.

**_____(1997). *A Guide to Rational Living,* 3d revised edition. North Hollywood, CA: Wilshire Books.

**Ellis, A., and Knaus, W. (1977). *Overcoming Procrastination.* New York: New American Library.

**Ellis, A., and Lange, A. (1994). *How to Keep People From Pushing Your Buttons.* New York: Carol Publishing.

*Ellis, A., and Robb, H. (1994). "Acceptance in Rational-Emotive Therapy." In S. C. Hayes, N. S. Jacobson, V. M. Follette, and M. J. Dougher, eds., *Acceptance and Change: Content and Context in Psychotherapy* (pp. 91–102). Reno, NV: Context Press.

*Ellis, A., Sichel, J., Leaf, R. C., and Mass, R. (1989). "Countering Perfectionism in Research on Clinical Practice. I: Surveying Rationality Changes After a Single Intensive RET Intervention." *Journal of Rational-Emotive and Cognitive-Behavior Therapy* 7 (pp. 197–218).

*Ellis, A., Sichel, J. L., Yeager, R. J., DiMattia, D. J., and DiGiuseppe, R. A. (1989). *Rational-Emotive Couples Therapy*. Needham, MA: Allyn and Bacon.

**Ellis, A., and Velten, E. (1992). *When AA Doesn't Work for You: Rational Steps for Quitting Alcohol*. New York: Barricade Books.

*Engels, G. I., Garnefski, N., and Diekstra, R. F. W. (1993). "Efficacy of Rational-Emotive Therapy: A Quantitative Analysis." *Journal of Consulting and Clinical Psychology* 61 (pp. 1083–90).

**Epictetus (1890). *The Collected Works of Epictetus*. Boston: Little, Brown.

**Epicurus (1994). *Letter on Happiness*. San Francisco: Chronicle Books.

**Epstein, S. (1993). *You're Smarter Than You Think*. New York: Simon & Schuster.

Erikson, Erik. (1969). *Gandhi's Truth*. New York: Norton.

**Fensterheim. H., and Baer, J. (1975). *Don't Say Yes When You Want to Say No*. New York: Dell.

*Fitz, Maurice, K. (1994). *Introducing the 12 Steps of Emotional Disturbances*. Omaha, NE: Author.

**Foa, E. B., and Wilson, R. (1991). *Stop Obsessing: How to Overcome Your Obsessions and Compulsions*. New York: Bantam.

*Frank, J. D., and Frank, J. B. (1991). *Persuasion and Healing*. Baltimore, MD: Johns Hopkins University Press.

*Frankl, V. (1959). *Man's Search for Meaning*. New York: Pocket Books.

**Franklin, R. (1993). *Overcoming the Myth of Self-Worth*. Appleton, WI: Focus Press.

**Freeman, A., and DeWolfe, R. (1993). *The Ten Dumbest Mistakes Smart People Make and How to Avoid Them*. New York: Harper Perennial.

**Froggatt, W. (1993). *Choose to Be Happy*. New Zealand: Harper-Collins.

*Fromm, E. (1974). *The Anatomy of Human Destructiveness*. Greenwich, CT: Fawcett.

*Gandy, G. L. (1995). *Mental Health Rehabilitation: Disputing Irrational Beliefs*. Springfield, IL: Thomas.

Geen, R., and Stoner, D. (1975). "The Facilitation of Aggression: Evidence Against the Catharsis Hypothesis." *Journal of Personal and Social Psychology* 31 (pp. 721–26).

✓Glancy, G., and Saini, M. (2005). "An evidence-based review of psychological treatments for anger and aggression." *Brief Treatment and Crisis Intervention*, 5, 229–248.

*Goldfried, M. R., and Davison, G. C. (1994). *Clinical Behavior Therapy*, 3d ed. New York: Holt, Rinehart & Winston.

*Grieger, R. M. (1988). "From a Linear to a Contextual Model of the ABCs of RET." In W. Dryden and P. Trower, eds., *Developments in Cognitive Psychotherapy* (pp. 71–105). London: Sage.

**Grieger, R. M., and Woods, P. J. (1993). *The Rational-Emotive Therapy Companion*. Roanoke, VA: Scholars Press.

*Guidano, V. F. (1991). *The Self in Progress.* New York: Guilford.

*Haaga, D. A., and Davison, G. C. (1989). "Outcome Studies of Rational-Emotive Therapy." In M. E. Bernard and R. DiGiuseppe, eds., *Inside Rational-Emotive Therapy* (pp. 155–97). San Diego, CA: Academic Press.

*Hajzler, D., and Bernard, M. E. (1991). "A Review of Rational-Emotive Outcome Studies." *School Psychology Quarterly* 6 (1) (pp. 27–49).

*Haley, J. (1990). *Problem Solving Therapy.* San Francisco: Jossey-Bass.

**Hauck, P. A. (1973). *Overcoming Depression.* Philadelphia: Westminster.

✓**_____(1974). *Overcoming Frustration and Anger.* Philadelphia: Westminster.

**_____(1977). *Marriage Is a Loving Business.* Philadelphia: Westminster.

**_____(1991). *Overcoming the Rating Game: Beyond Self-Love—Beyond Self-Esteem.* Louisville, KY: Westminster/John Knox.

✓Helmers, K. F., Posluszny, D. M., and Krantz, D. S. (1994). "Association of Hostility and Coronary Artery Disease: A Review of Studies." In A. W. Siegman and T. W. Smith, eds., *Anger, Hostility and the Heart* (pp. 67–96). Hillsdale, NJ: Lawrence Erlbaum Associates.

Hold, A. (1971). Cited in A. Ellis and J. Gullo, *Murder and Assassination* (pp.355–56). New York: Lyle Stuart.

*Hollon, S. D., and Beck, A. T. (1994). "Cognitive and Cognitive / Behavioral Therapies." In A. E. Bergin and S. L. Garfield, eds., *Handbook of Psychotherapy and Behavior Change* (pp. 428–66). New York: Wiley.

*Huber, C. H., and Baruth, L. G. (1989). *Rational-Emotive and Systems Family Therapy.* New York: Springer.

*Jacobson, N. S. (1992). "Behavioral Couple Therapy: A New Beginning." *Behavior Therapy* 23 (pp. 491–506).

Jehoda, M. (1961). "What Is Prejudice?" *World Mental Health* 13 (pp. 38–45).

*Johnson, W. (1946). *People in Quandaries.* New York: Harper & Row.

*Johnson, W. R. (1981). *So Desperate the Fight.* New York: Institute for Rational-Emotive Therapy.

Kabot-Zinn, J. (1994). *Wherever You Go There You Are.* New York: Hyperion.

*Kanfer, F. H., and Schefft, B. K. (1988). *Guiding the Process of Therapeutic Change.* New York: Pergamon.

✓*Kassinove, H., ed. (1995). *Anger Disorders: Definition, Diagnosis, and Treatment.* Washington, DC: Taylor & Francis.

✓Kassinove, H., Sukhodolsky, D., Tsytsarev, S., and Solovyova, S. (1997). "Self-Reported Anger Episodes in Russia and America." *Journal of Social Behavior and Personality* 12 (1).

✓Kassinove, H., and Tafrate, R. (2002). *Anger management: The complete treatment guidebook for practitioners.* Atascadero, CA: Impact.

✓_____(2011). "Application of a flexible, clinically driven approach for anger reduction in the case of Mr. P." *Cognitive and Behavioral Practice*, 18, 222–234.

✓_____(2014). *Anger Management in Counseling and Psychotherapy – DVD.* Mill Valley, CA: Psychotherapy.net.

✓Kassinove, H., and Toohey, M. J. (2014). "Anger management for offenders: A flexible CBT approach." In R. Tafrate and D. Mitchell, eds., *Forensic CBT: A handbook for clinical practice.* Chichester, West Sussex, UK: Wiley.

*Kelly, G. (1955). *The Psychology of Personal Constructs.* 2 vols. New York: Norton.

King, M. L. (1966, October). "Nonviolence: The Only Road to Freedom." *Ebony* (pp. 27–34).

*Knaus, W. (1974). *Rational-Emotive Education.* New York: Institute for Rational-Emotive Therapy.

_____Knaus, W. (1995). *Smart Recovery: A Sensible Primer.* Longmeadow, MA: Author.

✓Kolts, R. (2012). *The compassionate mind guide to managing your anger: Using Compassion-focused therapy to calm your rage and heal your relationships.* Oakland, CA: New Harbinger.

*Kopec, A. M., Beal, D., and DiGiuseppe, R. (1994). "Training in RET: Disputational Strategies." *Journal of Rational-Emotive and Cognitive-Behavior Therapy* 12 (pp. 47–60).

*Korzybski, A. (1933). *Science and Sanity.* San Francisco: International Society of General Semantics.

✓Kulesza, M., and Copeland, A. L. (2009). "Cognitive-behavioral treatment for anger problems: A review of the literature." *The Behavior Therapist,* 32, 102–108

*Kwee, M. G. T. (1982). "Psychotherapy and the Practice of General Semantics." *Methodology and Science* 15 (pp. 236–56).

*_____(1991). *Psychotherapy, Meditation, and Health: A Cognitive Behavioral Perspective.* London: East/West Publications.

*Lange, A., and Jakubowski, P. (1976). *Responsible Assertive Behavior.* Champaign, IL: Research Press.

*Lazarus, A. A. (1977). "Toward an Egoless State of Being." In A. Ellis and R. Grieger, eds. *Handbook of Rational-Emotive Therapy,* vol. 1 (pp. 113–16). New York: Springer.

**_____(1985). *Marital Myths.* San Luis Obispo, CA: Impact.

*_____(1989). *The Practice of Multimodal Therapy.* Baltimore, MD: Johns Hopkins.

**Lazarus, A. A., and Fay, A. (1975). *I Can If I Want To.* New York: Morrow.

**Lazarus, A. A., Lazarus, C., and Fay, A. (1993). *Don't Believe It for a Minute: Forty Toxic Ideas That Are Driving You Crazy.* San Luis Obispo, CA: Impact Publishers.

*Lazarus, R. S., and Folkman, S. (1984). *Stress, Appraisal, and Coping*. New York: Springer.

**Lewinsohn, P., Antonuccio, D., Breckenridge, J., and Teri, L. (1984). The "*Coping With Depression Course*." Eugene, OR: Castalia.

✓Lewis, W. A., and Butcher, A. M. (1992). "Anger, Catharsis, the Reformulated Frustration-Aggression Hypothesis, and Health Consequences." *Psychotherapy* 23 (3) (pp. 385–92).

*Lipsey, M. W., and Wilson, D. B. (1993). "The Efficacy of Psychological, Educational, and Behavior Treatment: Confirmation from Meta-Analysis." *American Psychologist* 48 (pp. 1181–1209).

**London, T. (1995). *REBT Questions: A Study Guide to the General/ Clinical Theory, Philosophy, and Techniques of Rational Emotive Behavior Therapy*. Chicago: Garfield Press.

**Low, A. A. (1952). *Mental Health Through Will Training*. Boston: Christopher.

*Lyons, L. C., and Woods, P. J. (1991). "The Efficacy of Rational-Emotive Therapy: A Quantitative Review of the Outcome Research." *Clinical Psychology Review* 11 (pp. 357–69).

*Mace, D. (1976). "Marital Intimacy and the Deadly Lover Cycle." *Journal of Marriage and Family Counseling* 2 (pp. 131–37).

Mahoney, M. J. (1991). *Human Change Processes*. New York: Basic Books.

*_____ed. (1995). *Cognitive and Constructive Psychotherapies: Theory, Research and Practice*. New York: Springer.

**Marcus Aurelius. (1890). *Meditations*. Boston: Little, Brown.

*Maultsby, M. C., Jr. (1984). *Rational Behavior Therapy*. Englewood Cliffs, NJ: Prentice-Hall.

McCall, M. W., and Lombardo, M. M. (1983). *Off the Track: Why and How Successful Executives Get Derailed*. (Technical Report No. 21). Greensboro, NC: Center for Creative Leadership.

*McGovern, T. E., and Silverman, M. S. (1984). "A Review of Outcome Studies of Rational-Emotive Therapy From 1977 to 1982." *Journal of Rational-Emotive Therapy* 2 (1) (pp. 7–18).

**McKay, G. D., and Dinkmeyer, D. (1994). *How You Feel Is Up to You*. San Luis Obispo, CA: Impact Publishers.

*McMullin, R. (1986). *Handbook of Cognitive Therapy Techniques*. New York: Norton.

*Meichenbaum, D. (1977). *Cognitive-Behavior Modification*. New York: Plenum.

**Miller, T. (1986). *The Unfair Advantage*. Manlius, NY: Horsesense, Inc.

**Mills, D. (1993). *Overcoming Self-Esteem*. New York: Institute for Rational-Emotive Therapy.

*Muran, J. C. (1991). "A Reformulation of the ABC Model in Cognitive Psychotherapies: Implications for Assessment and Treatment." *Clinical Psychology Review* 11 (pp. 399–418).

**Nottingham, E. (1992). *It's Not as Bad as It Seems: A Thinking Approach to Happiness*. Memphis, TN: Castle Books.

Novello, A., Shosky, S., and Froehlke, R. (1992). "From the Surgeon General U. S. Public Health Service: A Medical Response to Violence." *Journal of the American Medical Association* 267 (22) (p. 3007).

**Nye, B. (1993). *Understanding and Managing Your Anger and Aggression*. Federal Way, WA: BCA Publishing.

Olsen, K. (1975). *The Art of Hanging Loose*. Greenwich, CT: Fawcett.

*Palmer, S., and Dryden, W. (1996). *Stress Management and Counseling*. London and New York: Cassell.

*Palmer, S., Dryden, W., Ellis, A., and Yapp, R. (1995). *Rational Interviews*. London: Centre for Rational-Emotive Behavior Therapy.

*Palmer, S., and Ellis, A. (1994). "In the Counselor's Chair." *The Rational Emotive Therapist* 2 (1) (pp. 6–15). From *Counseling Journal* 4 (pp. 171–74). (1993).

Peters, H. (1970). "The Education of the Emotions." In M. Arnold, ed. *Feelings and Emotions*. New York: Academic Press (pp. 187–203).

*Phadke, K. M. (1982). "Some Innovations in RET Theory and Practice." *Rational Living* 17 (2) (pp. 25–30).

*Pietsch. W. V. (1993). *The Serenity Prayer*. San Francisco: Harper San Francisco.

✓Potegal, M., Stemmler, G., and Spielberger, C. (Eds.). (2010). *International handbook of anger: Constituent and concomitant biological, psychological, and social processes*. New York, NY: Springer.

*Prochaska, J. O., DiClemente, C. C., and Norcross, J. C. (1992). "In Search of How People Change: Applications to Addictive Behaviors." *American Psychologist* 47 (pp. 1102–14).

**Robin, M. W., and Balter, R. (1995). *Performance Anxiety*. Holbrook, MA: Adams.

*Rorer, L. G. (1989). "Rational-Emotive Theory: I. An Integrated Psychological and Philosophic Basis. II. Explication and Evaluation." *Cognitive Therapy and Research* 13 (pp. 475–92, 531–48).

✓Rothenberg, A. (1971) "On Anger." *American Journal of Psychiatry* 128 (pp. 454–60).

**Russell, B. (1950). *The Conquest of Happiness*. New York: New American Library.

✓Saini, M. (2009). "A meta-analysis of the psychological treatment of anger: Developing guidelines for evidence-based practice." *The Journal of the American Academy of Psychiatry and the Law*, 37, 473–488

Sapolsky, R. M. (1994). *Why Zebras Don't Get Ulcers: A Guide to Stress, Stress-Related Diseases and Coping.* New York: W. H. Freeman and Company.

**Sarmiento, R. F. (1993). *Reality Check: Twenty Questions to Screw Your Head on Straight.* Houston, TX: Bunker Hill Press.

**Seligman, M. E. P. (1991). *Learned Optimism.* New York: Knopf.

**Seligman, M. E. P., with Revich, K., Jaycox, L., and Gillham, J. (1995). *The Optimistic Child.* New York: Houghton Mifflin.

Seneca, L. A. (1963). "On Anger." In J. W. Basore, trans., *Moral Essays.* Cambridge, MA: Harvard University Press.

**Sichel, J., and Ellis, A. (1984). *REBT Self-Help Form.* New York: Institute for Rational-Emotive Therapy.

✓Siegman, A. W. (1994). "Cardiovascular Consequences of Expressing and Repressing Anger." In A. Siegman and T. Smith, eds., *Anger, Hostility, and the Heart.* Hillsdale, NJ: Lawrence Erlbaum Associates.

*Silverman, M. S., McCarthy, M., and McGovern, T. (1992). "A Review of Outcome Studies of Rational-Emotive Therapy From 1982–1989." *Journal of Rational-Emotive and Cognitive-Behavior Therapy* 10 (3) (pp. 111–86).

**Simon, J. L. (1993). *Good Mood.* LaSalle, IL: Open Court.

*Smith, M. L., and Glass, G. V. (1977). "Meta-Analysis of Psychotherapy Outcome Studies." *American Psychologist* 32 (pp. 752–60).

*Stanton, H. E. (1989). "Hypnosis and Rational-Emotive Therapy—A De-stressing Combination." *International Journal of Clinical and Experimental Hypnosis* 37 (pp. 95–99).

Straus, M. A., and Gelles, R. J. (1992). "How Violent Are American Families? Estimates From the National Family Violence Resurvey and Other Surveys." In M. A. Straus and R. J. Gelles, eds. *Physical Violence in American Families* (pp. 95–109). New Brunswick, NJ: Transaction Publishers.

✓Tafrate, R., and Kassinove, H. (2006). "Anger management for adults: A menu-driven cognitive-behavioral approach to the treatment of anger disorders." In E. L. Feindler, ed., *Anger Related Disorders: A Practitioner's Guide to Comparative Treatments.* New York, NY: Springer.

✓_____(2009). *Anger management for everyone: Seven proven ways to control anger and live a happier life.* Atascadero, CA: Impact.

**Tate, P. (1993). *Alcohol: How to Give It Up and Be Glad You Did.* Altamonte Springs, FL: Rational Self-Help Press.

Travis, C. (1989). *Anger: The Misunderstood Emotion,* 2d ed. New York: Touchstone.

Thompson, W. I. (1975, July 1). "We Become What We Hate." *New York Times* (p. E11).

*Tillich, P. (1953). *The Courage to Be.* New York: Oxford.

**Trimpey, J. (1989). *Rational Recovery From Alcoholism: The Small Book*. New York: Delacorte.

United States Advisory Board on Child Abuse and Neglect. (1995). *A Nation's Shame: Fatal Child Abuse and Neglect in the United States*. Washington, DC: U.S. Government Printing Office.

United States Bureau of the Census. (1995). *Statistical Abstract of the United States*. Washington, DC: U.S. Government Printing Office.

United States Department of Justice. (1995). *Uniform Crime Reports*. Washington, DC: U.S. Government Printing Office.

**Velten, E. (Speaker) (1987). *How to Be Unhappy at Work*. Cassette recording. New York: Institute for Rational-Emotive Therapy.

*Vernon, A. (1989). *Thinking, Feeling, Behaving: An Emotional Education Curriculum for Children*. Champaign, IL: Research Press.

*Walen, S., DiGiuseppe, R., and Dryden, W. (1992). *A Practitioner's Guide to Rational-Emotive Therapy*. New York: Oxford University Press.

**Walter, M. (1994). *Personal Resilience*. Kanata, Ontario, Canada: Resilience Training International.

*Warga, C. (1988). "Profile of Psychologist Albert Ellis." *Psychology Today* September (pp. 18–33). Rev. ed., New York: Institute for Rational-Emotive Therapy, 1989.

*Warren, R., and Zgourides, G. D. (1991). *Anxiety Disorders: A Rational-Emotive Perspective*. Des Moines, IA: Longwood Division Allyn & Bacon.

**Watson, D., and Tharp, R. (1993). *Self-Directed Behavior*, 6th ed. Pacific Grove, CA: Brooks/Cole.

*Weinrach, S. G. (1980). "Unconventional Therapist: Albert Ellis." *Personnel and Guidance Journal* 59 (pp. 152–60).

*_____(1995). "Rational Emotive Behavior Therapy: A Tough-Minded Therapy for a Tender-Minded Profession." *Journal of Counseling and Development* 73 (pp. 296–300). Also in W. Dryden, ed., *Rational-Emotive Behavior Therapy: A Reader* (pp. 303–12). London: Sage.

*Wiener, D. (1988). *Albert Ellis: Passionate Skeptic*. New York: Praeger.

*Wolfe, J. L. (1977). *Assertiveness Training for Women*. Cassette recording. New York: BMA Audio Cassettes.

*_____(Speaker) (1980). *Woman—Assert Yourself*. Cassette recording. New York: Institute for Rational-Emotive Therapy.

**_____(1992). *What to Do When He Has a Headache*. New York: Hyperion.

**_____(1993). *How Not to Give Yourself a Headache When Your Partner Isn't Acting the Way You'd Like*. New York: Institute for Rational-Emotive Therapy.

**_____(Speaker) (1993). "Overcoming Low Frustration Tolerance." Video cassette. New York: Institute for Rational-Emotive Therapy.

*Wolfe, J. L., and Naimark, H. (1991). "Psychological Messages and Social Context. Strategies for Increasing RET's Effectiveness With Women." In M. Bernard, ed., *Using Rational-Emotive Therapy Effectively.* New York: Plenum.

**Woods, P. J. (1990). *Controlling Your Smoking: A Comprehensive Set of Strategies for Smoking Reduction.* Roanoke, VA: Scholars Press.

*_____(1993). "Building Positive Self-Regard." In M. E. Bernard and J. Wolfe, eds., *The RET Resource Book for Practitioners* (pp. 158–61).

*Yankura, J., and Dryden, W. (1990). *Doing RET: Albert Ellis in Action.* New York: Springer.

*_____(1994). *Albert Ellis.* Thousand Oaks, CA: Sage.

**Young, H. S. (1974). *A Rational Counseling Primer.* New York: Institute for Rational-Emotive Therapy.

讓自己不生氣
How To Control Your Anger Before It Controls You

作　　者　亞伯・艾里斯 (Albert Ellis, Ph.D.)
　　　　　雷蒙・奇普・塔弗瑞 (Raymond Chip Tafrate, Ph.D.)
譯　　者　洪慧芳
主　　編　呂佳昀

總 編 輯　李映慧
執 行 長　陳旭華 (steve@bookrep.com.tw)

出　　版　大牌出版 / 遠足文化事業股份有限公司
發　　行　遠足文化事業股份有限公司 (讀書共和國出版集團)
地　　址　23141 新北市新店區民權路 108-2 號 9 樓
電　　話　+886-2-2218-1417
郵撥帳號　19504465 遠足文化事業股份有限公司

封面設計　初雨有限公司
排　　版　新鑫電腦排版工作室
印　　製　博創印藝文化事業有限公司
法律顧問　華洋法律事務所　蘇文生律師

定　　價　400 元
初　　版　2024 年 6 月

電子書 E-ISBN
9786267491072 (EPUB)
9786267491089 (PDF)

國家圖書館出版品預行編目資料

讓自己不生氣 / 亞伯・艾里斯 (Albert Ellis, Ph.D.),雷蒙・奇普・塔弗
瑞 (Raymond Chip Tafrate, Ph.D.) 著;洪慧芳 譯 . -- 初版 . -- 新北市:
大牌出版,遠足文化發行,2024.06
288 面;14.8×21 公分
譯自 : How to control your anger before it controls you.
ISBN 978-626-7491-05-8 (平裝)
1. CST: 憤怒　2. CST: 情緒管理　3. CST: 自我實現

176.56　　　　　　　　　　　　　　　　　113006358